究極一人行

劉黎兒 著

推薦序

共修「一人行」的學分

王美珍（熟齡媒體 50+ 總編輯）

我熱愛一個人，熱愛到不太好意思說出來的程度。直到看到這本書。

我曾經歷各種「一人行」的生活體驗：一個人出國旅行、一個人泡大衆湯、一個人浮潛、一個人吃法式餐廳、一個人參加海洋音樂祭、一個人搭摩天輪、一個人唱KTV，甚至一個人去開刀……

其實，我完全不缺朋友，但就是好奇：以一人為單位，會得到什麼樂趣？此外，一個人才真的有行動力，要出發下秒出門便是，不需和誰商量。就心靈的鍛鍊意義上來說，如果什麼事都可以一個人做，那活著的基本單位應該就穩固，沒什麼能被難倒了。

事實上，一個人的生活，不僅是一種生活風格的選擇，而已是台灣社會的必然。根據內政部的統計，台灣三十歲以上的單身人口已經突破六一〇萬人，而且未來只會增加。面對高齡化社會，大家越活越久，老伴一定有一人先走，獨居生活將延長。即便在婚姻當中，也只有自己一個人能活得好，自我有足夠的安全感與自信，兩個人在一起也才會更好。

因此，每個人此生最重要的學習，不是健康、工作、婚姻、友情、玩樂這些單一面向，而是「一個人如何好好生活」！因為，當一個人能好好生活，就自然能統合了上述所有人生課題的全面性哲學、態度與方法。用一本書，即同時共修所有零星學分，這即是劉黎兒的《究極一人行》的閱讀價值。

在台灣雖然提倡獨處的心靈雞湯並不少見，但以「一個人」為單位的友善實體服務，比起書中描述的日本其實遠遠不足。例如，一般連鎖的KTV，我去唱了才知道：就算是一個人唱，基本低消也要付兩個人的錢，因為店家預設的唱歌人數就是兩人以上。每回一人去歡唱，櫃檯總要再三和我確認，是否知道這個規定？

即便願意付更多的錢，也還是有價值觀上的困擾。某日下午，我一人去唱歌，該時段空曠無比，給了十人座的大包廂，非常暢快。只是，每唱幾首，就會有服務人員敲門進入：請問今天餐點還OK嗎？或一直來問是否加水？（明明沒喝啊？）事後詢問我明白了，他們之所以頻繁進入，並不是因為服務殷勤，而是想看看：這位怪異女子還好嗎？是否可能在裡面出事？

讓他終止敲門時的是這個畫面：我埋身在點歌電腦前，右手點歌，左手拿麥，嘴中唱著，但同時咬著關東煮的貢丸（真的很餓），口齒不清都還是要飆一下等待已久的副歌，全身上下都很忙。

該服務人員終於放心了——這個人有滿滿的「生之慾」。那麼想唱、那麼想吃、那麼想把握時間，絲毫不用他擔心。

那已經是十幾年前的往事。現在真慶幸有劉黎兒的《究極一人行》，終於有人清楚說出這樣的人生哲學，並輔以滿滿的真實案例：一個人不是消極的孤獨，反而是非常積極地活！

本書適合三十歲的人，開始強壯心靈；適合四十歲的人，開始為人生下半場作準備；適合五十歲以上的人，直接看務實的生活方法。更適合所有服務業者或找商機的人：KTV不能再明明單人卻收兩個人的錢了啦，生意反而會更好喔（笑）！

推薦序

獨處的可貴

汪用和（資深媒體人）

我很滿意我的婚姻生活。

儘管如此，我仍然有時會懷念婚前的某段時光。

彼時，我一個人租屋而居，住在一個十坪大的小套房中。房間裡無多餘長物，就是一張床、一個衣櫃、一張雙人座小沙發、茶几、一張書桌、一台電視、與一個音響。

平常週一到週五，白天我忙著上班，晚上七點多回到家就是一個人吃晚餐配電視。寂寞嗎？其實不會，反而感受到的是隨心所欲的自由自在——畢竟白天已經與太多人互動、講話、以及在意別人的感受了，所以一個人安安靜靜的，可以不用與人交談，其實真的讓我感覺放鬆。

到了週末假日，我就更開心了。我喜歡在假日的早上，打開音響邊聽我喜歡的古典樂曲，邊把我家白色磁磚的地板用除塵紙、再用溼抹布與乾抹布擦得乾乾淨淨，一塵不染，還光可鑑人。

然後，我會窩在沙發上，看著我想看的書，喝著我想搭配的香草花茶……呵，光是寫這段文字，我就又不自覺地嘴角微微上揚，因為，這真是段愜意的生活啊。

所以，一個人的生活其實不見得就是孤零零、孤單、孤獨、孤立的；相反地，只要把可能不斷在外求的一顆心（要跟朋友在一起、要做什麼都要有人陪），拿回來放在自己身上，變成向內觀照，一個人的狀態反而可能是比一群人出去吃飯唱歌熱熱鬧鬧還更飽滿、更實在的感覺。

既然一個人生活這麼好，那妳幹嘛還要結婚呢？也許有人會有這樣的疑問。

但是，一個人生活好，不代表兩個人、多個人就不好啊。就像，就像，跟先生一起吃飯看電影很快樂，不代表自己一個人吃飯看電影就一定不快樂啊。

我們希望每個人無論在何種情況下都可以很快樂。

更何況，我很同意作者所說的：「如果好好珍惜一個人時間，不可思議地，身邊就會有很多人靠攏過來，變得很有人氣。因為珍惜自己一個人時間的人，懂得珍惜自己，也會珍惜別人；自己能享獨處之樂，跟別人一起更能享樂；自己能幸福的話，跟別人在一起也才能幸福，才會帶給自己與他人豐富的人生。如果一個人不珍惜獨處時間，很容易自怨自艾，人生也會貧乏化，無法帶給別人快樂與幸福，更無法開創多重而充實的人生。獨處太可貴，是別人求之不得而羨慕的極品時間，好好活用吧！」

是的，相信看了這本書，你也會贊同：獨處太可貴（尤其當了兩個調皮小孩的媽後更有此體認）。那是極品時間啊，好好珍惜與活用吧！

推薦序

一人氣魄，更有魅力

詹慶齡（資深媒體人）

劉黎兒的夫婿王銘琬這麼形容她：「劉黎兒的特點就是，這個人實在太愛寫稿了。」知妻莫若夫，對於一個勤耕且充滿熱情的資深新聞工作者來說，還有什麼比這更高級的幽默讚美呢！

現在的劉黎兒當然不只是個純粹的媒體人，她就像自己筆下「平行工作」的優良實踐者，靠真本事將蓄積多年的社會觀察力化為能量，開宗立派自成一家之言，什麼都能寫，什麼都會寫，既有大開大闔宏觀時代趨勢、社會議題的格局，也能細緻體察人心深處的幽微轉折。廣受讀者喜愛的「一人樣」系列所描述的文化現象，正是劉式慧黠之眼對大環境的微觀察。

「一人樣」在日文當中的意思就是一個人，也就是單身、獨居的生活型態。其實我不諳日語，敢在這裡大言不慚頭頭是道，完全是拜劉黎兒前作《最高！極品一人樣》所賜，那是第一本全觀日本社會方興未艾的單身家庭現象，從社會結構、個人意識、消費生活提煉出系統化分析介紹的專書。再接再厲練就的《究極一人行》更進階聚焦於一個人的生活哲學及其精彩樂趣，賦予「孤獨」健康明亮的積極想像。

劉黎兒長年旅居日本，接觸當地社會各個階層，似乎有取之不盡的具體案例可供鑽研，藉由這些真實鮮活的「一人」，我們看到不同人生選擇的開創性，從而體會日本社會「孤獨美學」的奧義。在不受干擾的時空裡，人才有機會摒除雜音與自我深度對話，可能藉此覺察自己的缺漏，反躬自省，成為一個更好的人，也可能發掘自己隱而不顯的潛能，活出更開放明智的人生。

我特別喜歡書中關於日光東照宮那隻單獨座猴的描寫：「還沒站起來，表示他經歷寂寞才能思考人生，也才能在精神上、肉體上自立。」孤獨，是獲得領悟的動力，再清楚不過。

我本身是個很能在獨處中自得其樂的人，品讀本書心有戚戚焉，尤其贊同視孤獨為一種積極活動的觀點。物質面專注的一人食、一人旅，美食與風景的氣韻菁華才得入心；精神上，當我們懂得怎麼過好自己的人生，領略生而為人之美，無形中便能以同等態度利益他人，尊重不同個體，也會認真打理自己，不對人產生依賴。文中謳歌單身貴族們「享受自由，更吸引人」，十足呼應了我一直以來的想法，「獨立」是所有魅力的根源，男女皆然，而且，絕非單身專利。

關於這點，我在《名人書房》節目專訪劉黎兒伉儷時曾經提問：「擁有美滿婚姻生活的妳，怎能這麼深刻感知孤獨的滋味？」她回答：「我在婚姻裡享有充分的自由。」是不是羨煞一干已婚婦女！我想，正是劉黎兒的「一人氣魄」才得以將「一人學」闡述得如此淋漓盡致，即使擁有伴侶，仍保有高度自覺和思想行動上的自由，在婚姻裡享受獨處樂趣，閱讀、泡湯、旅行、冥想，作者親身示範一個人能做很多事，也可以什麼都不做深入自己的潛意識，一切無關乎你身邊有沒有人，因為「人真正的故鄉是孤獨」。

自序

一個人恰恰好

「你，一個人嗎？」

現階段很多人或許會害羞地回說：「是呀！」

不久之後，我相信台灣社會也會逐漸跟日本人一樣，問話的人會接著說：「一個人也沒關係！」「一個人也很好！」「一個人真好！」

如果對方沒這麼說，你還可以很神氣地回說：「怎樣？羨慕吧！我可是一個人！」

日本和台灣同樣是儒家社會，也同樣面臨越來越不容易結婚、離婚率越來越高的少子化社會。加上男女壽命有差距，單身戶或是獨居一人越來越多，也因此「一個人」成了領導社會趨勢及消費市場的主力軍。無論是餐廳、旅館、KTV、食品或生活商品等，到處都有專為一個人準備的舒適時間、空間、包裝及價格設定。屬於一個人或是期待一個人上門的「SOLO安全地帶」越來越多，一個人專用的菜單、一個人的○○專門店、禁止私語讓一個人能沉思的Café等等，日本已經變成對一個人極為友善、越來越周到的社會。

一個人不僅希望找到更多容納他的地方，而且因為是自己一個人才能更講究，兩個人或很多人，往往只是將究！一個人才可能奢華，一個人才有心思去品味許多事物，只有一個人才能有精緻化的社會。一個人的執著雖常被說是「龜毛」，但這才是社會進化的來源與動力，因此一個人是很偉大的！

一個人的家當然也是家，我一直提倡「極品一人家庭」的概念。一個人的時期絕對不是等著結婚的過渡期，也絕對不是暫時的人生。一個人，其實不限於單身戶或獨居者，也可能是有伴侶的人。所有人原本就是一個人，即使兩個人在一起，也可能是一個人行動，所以一個能做好、享受一個人的人，才能在兩個人或很多人時也很享受。「獨樂樂」才有「衆樂樂」可言，「衆樂樂」很多時候比不上「獨樂樂」，自己一個人有辦法好好玩，就會什麼都好玩，不會動輒陷入欲求不滿，沒事就抱怨，無法獨立自主，成為自己或別人的負擔。

以我自己來說，我跟同為自由業的伴侶相處時間非常多，我們自嘲是擺拉麵攤的夫妻，但是我們各自珍惜屬於自己的世界，珍惜屬於自己的孤獨，也積極地各自行動，才能創造出讓對方或別人覺得有點意思的東西，也才不會彼此厭倦，也才有朋友想繼續跟我玩。我自己一個人時才是真正的我，我一個人哪裡都去，什麼事都想嘗試，而且一個人更能品味出許多事物的本色，也才能想通自己到底想要什麼、想走什麼樣的路。

一個人，日文可以說是「一人樣」，表示至高無上的極品一人，是非常神氣的，各界都想為一人樣量身打造。日文漢字的「一人」，有「一位」「一個人」的意思。一個人主義並非是任性的自由主義或利己主義，反而是很有格調、擁有自尊且最負責的自我完結主義。這不僅僅針對單身的一個人，不僅僅是年輕人，進入熟年而要面對第二人生的生命意義、健康、旅遊等，都需要有這樣的一個人主義，凡事都能覺得一個人最好，才是「最高」的人生！

「究極」是去探究一個人的內外世界，最後就算沒達到「第一」，至少也達到「唯一」的境界。一人行才能無所不至，才能探究一切，達到巔峰，也就是說，一人行才能「究極」。

正如《孤獨的美食家》所提示的一人食，其他像一人旅、一人工作、一人生活、一人思考等更是無所不在，所以可以說，一人行的大時代來了！因為我們都是極品一人，幾乎所有事都是一個人恰恰好，兩個人還嫌多，而且無法講究細緻。一人行才能究極，才能獨創一個人的美好時光，也讓所有的一個人都抬頭挺胸。大家來共創一個人的究極時代、究極社會吧！

目錄

一人免活 101

一人極樂 175

一人異色

任何人都是一個人。

因為一個人，更能嘗試異色

日文有個形容詞——異色，像是「他有異色的履歷」，指的是跟普通人有不一樣的經歷，例如著名的直木獎作家淺田次郎是自衛隊出身；或是「異色建築家」、「異色律師」，表示並非科班出身，或是只有高中畢業卻靠檢定而拿到律師資格等，像安藤忠雄就是高中畢業未受建築專門教育、靠獨學而成功的建築大師。當然，拿到專業資格，卻做些同業不做的事，也會被認為是異色。或許孤立獨行，或許讓人望塵莫及，但至少搞出跟別人不同的世界來，這些人尤其都是一個人，才可能無後顧之憂勇於冒險、開拓，也擁有截然不同的人生！

日本有位慶應大學畢業後，還到東大念研究所，在《日本經濟新聞》當過記者，其後曾當過女公關、AV女優等，也出過幾本書，把她的碩士論文改寫成著名的《AV女優的社會學》，現在成了自由作家，是相當異色的作家。雖然有如此異色的履歷，別人也許覺得她愚蠢，但她覺得痛苦或愚蠢都是人生重要的本質與價值。她自己因此得以快活地以豐富的語言與文體來寫作，或許能成為讀者的救贖，覺得原來人是會痛苦、可以痛苦的，也能感到人原本就是孤獨的。

「異色」其實也是特色，是讓人羨慕而且會想擁有的一個頭銜。最近在日本被認為很異色的還有日本女籃國家代表隊的監督荷瓦斯（Tom Wayne Hovasse），他現在除了當監督外，也是IT企業副社長。他畢業自美籃名門賓州大學，無法進入ＮＢＡ，結果到葡萄牙入團，因各種水土不服，發現自己或許邊打球邊工作最好，因此改到日籃豐田汽車隊打球，其後才加入ＮＢＡ亞特蘭大鷹，美夢成真，雖然只有四個月，後來又再度回到日本。他表示，如果沒有九一一事件導致ＦＢＩ錄取基準改變，否則他大概會進ＦＢＩ，過完全不同的人生！

荷瓦斯在指導日本女籃之前，在一家手機ＡＰＰ公司工作過，因為發揮籃球調配的經驗，善於招募以及活用人才，還做到副社長。同時，他也沒對籃球死心，十年來一直以志工身分指導籃球，才會到日本女籃代表隊擔任助理監督，二〇一六里約奧運得到好成績，二〇一七年當上監督，讓日本女籃在亞洲盃連獲四次冠軍，也贏過許多歐洲隊，各界才知道原來異色的人想法不同，作風也不同。

許多人因為一個人才敢嘗試不同的工作，或同樣的工作中展現不同的作法。日本已經進入令和時代，以前昭和初期、中期流行的演歌、歌謠則越來越沒落，原本唱搖滾、名為「傷心的御松」的歌手近年卻開始努力演唱，很積極地在各處表演昭和三〇年代～四〇年代量產的matroos（漁夫、船員）歌謠，也被認為是相當異色的作法。

落語家（類似單口相聲家）柳家花綠也努力把落語跟莎劇、芭蕾劇等搭配演出，不斷挑戰新領域，他自己除了落語外，也積極參與舞台劇、電視、電影等，還因為演出NHK〈用日語來遊玩〉節目而在全日本引爆人氣。他也是因為一個人，因此大膽嘗試各種可能，結果發揮振興傳統落語的絕大效果！另一位則原本是四季劇團音樂劇演員，成為落語家後把音樂劇與落語結合，充分表現落語裡有淚有笑的特性，是其他科班的落語家不大敢放手嘗試的形式，結果全日本中小學舉行的藝術鑑賞會都找他去，他為自己以及傳統藝能開拓了新活路。這兩人都因為夠異色，讓人更激賞！

二〇二〇年一月，網路動漫平台 Hulu 開播水原希子主演的《扔掉胸罩去旅行～水原希子的環遊世界一人旅～》，改編自異色作家步理惠子的《丟掉胸罩去旅行》，她單獨一人在兩年內以「貧乏（窮困）旅行」的方式環遊世界，四處交朋友，得到無數體驗以及新價值觀。因為是一個人，才能如此異色吧！

一個人主義不同於個人主義

許多人認為單身者因為沒有家庭，比較不負責任，但是許多單身朋友長年對世間這種誤解非常生氣，他們說：「我一個人生活，單身戶也是一個家庭，也要煮飯洗衣，也是要撐起來才活得下去！」或是「我的人生我自己承擔，一點也不會麻煩別人，還有比這更負責任的嗎？」

許多單身者表示自己「一個人主義」不同於「個人主義」！是最自我負責，又能好好享受人生的主義！的確，即使已婚的人，其實也應該抱持一個人主義，不要動輒依賴別人，或是怪罪別人，這樣跟伴侶或任何朋友相處才會更圓滿，而且也才能自得其樂。

一個人主義是自己如何過好自己人生的主張，在日本也有《一個人》雜誌，在二〇〇〇年創刊，提倡一個人主義，建議一個人如何享受旅行、文化以及人生，是一本享受自我時間的資訊雜誌，還在二〇〇八年出版了《一個人主義》，讓三十六位人氣作家提案或敘述自己如何享受五十歲後的第二人生，每個人貢獻自己的一個人主義，在人生價值、旅遊、健康等議題上做各種提案，讓自己的下半生更豐富充實！

日本人平均壽命再創新高，女性是87.45歲、男性是81.41歲。有活力的人，超過或接近百歲也不足為奇，因此把人生馬拉松的折返點設定是五十歲，也是不錯的想法。即使是有伴侶的人，第二人生也需要一些調整，奉行一個人主義，比至今的生活更有獨立性，更擁有自己獨特的價值觀才好，這樣才不會拚了一輩子卻覺得自己的人生沒意思，要身體力行以及精神上發揮一個人主義，才會有足夠的成就感與幸福感！

作家淺田次郎寫下《椿山課長的七日間》，描述一位百貨公司的中年小主管突然腦溢血死亡，然後才發現自己原來想做的事還很多，因此復活回到現世七天，完成自己未完成的事。淺田之所以寫這部小說，是因為他的父母接連去世帶來的失落感，他也因此決定做許多自己未完成的夢想或志願。淺田十三歲起開始寫小說，雖然現在是超級暢銷的巨星作家，但真的出道當小說家其實是四十歲時候的事，他覺

《一個人雜誌》已經發行超過二十年，提出一個人主義更能享受及創造人生。

得第二人生一定要多做自己想做的事，而且很意外地會擁有另一段美好的人生。江戶時代的天文學者、測量家伊能忠敬，五十歲才學數學，但他居然是第一位完成日本全國測量、製作日本地圖的人。因為有伊能的榜樣，讓淺田覺得如果奉行一個人主義，努力去做自己想做的，就不算是任性，反而會覺得人生無限快活！

美食以及文學評論作家嵐山光三郎雖然當過總編輯等要務，卻覺得人生的折返點是四十歲，因此他在四十歲前列了一百項自己的心願，沒想到一下子就達成了，像是高級壽司吃到飽，在京都茶屋被當ＶＩＰ招待、去非洲流浪、在曼哈頓最高級的酒吧聽爵士樂等。其後，他再列了一百項四十歲之後的心願清單，包括騎機車或單車遊奧之細道、學潛水等，也鼓吹人生只有一次，要當「不良中年」，才不會覺得自己人生漠然一片。如果按照普通上班族的人生規畫，到六十歲之後才退休，屆時已經變成中古品，要當「良品」也不容易，因此他覺得奉行一個人主義越早越好。而且，從四十歲人生的折返點起，不要同樣像是在拚上坡路，會覺得很疲憊，心情要像是走回程、下坡路的心情，而且要有玩樂的心情，做自己想做的事，反而更能做出許多事。像是他愛泡湯，許多有關溫泉或文人與溫泉主題的暢銷書，都是他五十歲之後邊玩才邊寫出來的。

有些人的一個人主義是找到自己最能安身立命的方式，也就是找到自己最適合的場所，進而創造自己的價值。英國出生、定居日本的名作家尼可爾（C. W. Nicol）便想當諾亞方舟，讓日本許多地方的森林復活；也有像美食評論家玉村豐男，自己開農場，釀出自家的紅酒來；也有人開始學習慢活。

人生就是不按計畫才有意思，同時不忘記尋找以及創造、享受自己最想要的，這個時代最需要為此努力而負責的一個人主義，也是單身者的一項指標。每個人的第二人生都應該積極發揮一個人主義，實現自己或許一度忘記的夢想，相信做為人該有的熱情與意志，也會活得更有知性，享有極品人生！

日光東照宮座猴的孤獨美學

這幾年，日本社會因為有「孤獨的美學」以及各種SOLO活動，讓人對「孤獨」刮目相看，也比過去更懂得尊重一個人獨居，這樣的風潮也逐漸影響亞洲各國，大家開始不隨便把孤獨跟「孤獨死」連結在一起。孤獨其實是很積極的活動，「孤獨死」是錯誤的說法，應該是「孤立死」才對，這才是疏離人群的結果，正如英國設立「孤獨部長」一職，其實應該叫「孤立(問題專責)部長」。孤立是非常消極的孤獨，並非積極的孤獨。

我總愛再三强調，理解孤獨、享受孤獨的人不會自我放棄，變成孤立狀態，反而是絕對不會孤獨死的人！倒是原本有配偶、伴侶的人，在喪偶或離異之後陷入消極的孤立，對於身為一個人的基本常識與各種優點很無知，欠缺老後的警覺心，才會過度疏離人群。

日光東照宮「非禮勿視、非禮勿言、非禮勿聽」的智慧三猴很有名，但是在三猴旁則有一隻單獨的座猴，還沒站起來，表示他經歷寂寞才能思考人生，也才能在精神上、肉體上自立。反過來說，任何人都必須經歷過孤獨，才能有力量，走出自己的康莊大道！

也因此孤獨是積極的，有積極的孤獨才有一切創新與生產，積極的孤獨或許是喜愛自己一個人單獨行動，喜歡只有自己一個人的獨處，喜歡只有自己一個人的冥想，但是總被誤會是欠缺協調性、性格孤僻陰暗等，負面形象過强。其實古今所有人都跟那隻座猴一樣，在孤獨中才能獲得成長與各種領悟，才能成聖賢。

現代人積極的孤獨可謂包羅萬象，像是一人用餐、一人旅、一人泡湯、一個人沉浸在大自然、一個人遠離都會、一個人讀書，甚至在午休時找個空檔一個人寫寫手札、日記，都是最佳的自我沉澱。

一個人的時間像是氧氣一樣，我們的肉體與心、靈不但需要，而且非常飢渴。擁有一個人的時間，心情才會放鬆，靈魂才會獲得解放，不必在意其他人的存在，才

在日光的智慧三猴旁有隻獨處的猴子，象徵人必須孤獨思考後，才能獲得精神及肉體上的成熟與自立。

能跟內在的自己不斷的對話，若是缺少這樣的孤獨，不可能有重要的創作出現。

因為有這樣的孤獨，每個人才有「終於活過來」的感覺，也才知道如何走下去。孤獨有絕對強大的力量，大於任何其他的力量。沒有孤獨，什麼事也辦不了，在混亂的群聚中，豐富的精神自律性並不會誕生。

人在萬事順利時，不覺得一人獨處以及孤獨的重要，跟衆人鬧哄哄地混過每一天就覺得快樂無比，但是像現在人類遭遇史無前例的困境，或是面對急劇的變化時，更需要獨立的對應方法。現在正是考驗每個人的生命價值與追求人生方式的時候，每個人培養孤獨力的差距將決定一切！

孤獨不是寂寞、孤零零、辛酸可憐、孤立無援的悽慘狀態，不是自覺被社會拋棄的孤島，而是自己脱離集團時感受到的開放感與爽快感。先不管別人說什麼，才能湧出新的能源，也因此孤獨是很光明的，有了孤獨才能開始創意！

也因此，一個人不必擔心自己被認為是「不合群的怪人」，一點都不是！現在日本如果是不會享受孤獨的人，還得自我消遣說：「我是很怕落單的人，所以無法獨處。」「我太忙了，因此沒空好好單獨想這些事！」「我是很脆弱的人，因此無法喜愛孤獨。」也就是說，孤獨的價值是被肯定的，享受孤獨的人不需要解釋，反而是不懂得享受孤獨的人需要向別人解釋了。

過去很多人會說「他單身啦！很不成熟！」現在正好相反，會能夠自立獨處、獨居的人才是成熟的。網路時代更是，如果不會孤獨，就更會隨波逐流，孤獨的價值無限，不要小看每天都懂得如何積極孤獨的許多「一個人主義」者！

一個人的時間如此重要，美學在這裡

只有自己一個人才能享受、品味的事情非常多，許多人發現一個人獨處的時間是非常美妙的，因此出現獨處的美學。但是為什麼要一個人呢？因為許多境界只有一個人才能體會，一個人的時刻才能逐漸排除許多雜念，讓腦中出現一點真空地帶。

我最能感受到自己一個人的時間是泡湯，我常一個人泡湯，因為東京都內有許多天然溫泉，在比較深夜的時段，人很少，可以獨占很大的風呂，除了潺潺水聲外，不會有太多干擾。這種時候，腦內逐漸不再有語言，喚起記憶裡的一些片段，或許因此能獲得人生的頓悟（epiphany），或是終於想通過去的一些情節。啊，原來是如此！或許只是閃過記憶裡的一個小碎片，或許是舊瓦片，現在成了發光發亮的寶石了！

這也是許多人認為冥想或是坐禪會得到領悟的道理，尤其許多人在獨處的時候容易找到人生最重要的靈感，詩句、藝術、文學、哲學幾乎都是一個人獨處的果實；日常裡，任何人獨處也充滿各種可能性，像有人找到自己創業的靈感或是突破工作困境的作法。一個人的時間是最佳的靈感時間！

大人的孤獨跟小孩子的孤獨不同。小孩的孤獨或許有幾分寂寞，大部分孩子要經歷生病等獨處才會長大；大人的孤獨是非常珍貴的，因為大人必須刻意尋覓才有不被打擾的孤獨。為了跟朋友能有點營養的對話，提升交往層次，也應該有段時間孤獨一人才好。

就如宇多田光的歌所唱，「人總在一個人的時候，才會意識到愛的意義」；村上春樹也曾說：「如果想邂逅自己內心混沌的話，只要閉緊嘴巴，噤不作聲，然後一個人下到自己意識的底層去就好！」自己到底想要怎樣、想要什麼，只有獨處而且不說話時才會知道、看得清楚。擁抱孤獨，才能深入自己的潛意識吧？

雖說自己一個人，就更會在意自己的事，這也是許多單身或獨居者被認為很自我中心的原因。但是，要孤獨且有自我，才會確實理解活下去是怎麼回事，不論自己所處的環境怎樣，或是今後要往哪裡去，自由跟孤獨是一體兩面的。因為孤獨，知道自己可以按自己想要的路走下去。

許多人回到老家是為了「返鄉」，其實每個人真正的故鄉是孤獨，因為最終的本色就在這裡。雖然跟別人在一起也很重要，但之後往往要花N倍的時間自己一個人過，才能慢慢恢復本色，讓自己不會輕易壞掉。因此獨處、一個人的時間太重要了！

當腦內逐漸不再有語言，喚起記憶裡的一些片段，或許因此能獲得人生的頓悟，或是終於想通過去的一些情節。

好孤獨是動力，學習與自己開會

近年孤獨在各國都是顯學，「孤獨入門」也是新時代每個人的必修課。除了積極從古今中外的哲人和偉人、或經歷各種艱辛時代的人身上來學習孤獨，現代許多獨居者更是擅長讓孤獨變成自我成長的最佳動力。孤獨入門的學問多，獨居者最會靠與自己對話，開當下流行的「自我會議」，成為孤獨入門的最佳導師！

許多好友真的像在公司開會一樣，還拿出筆電來。像典子則是拿出筆記本，把想到的要點以及跟自己討論得出的結論一一寫出。雖然是自問自答，但當作會議處理，把自己當作會議室裡的兩個成員，譬如像開失戀檢討會議，其中一個自我可以哭得很大聲，一個自我可以安慰她（他）。

日本經營學大師稻盛和夫認為，孤獨才能好好內省反思，培養自己對他人的誠意。他重建日航時，某次視察整備場，有幾十位整備師等候他來，他到場後一一跟對方握手，因為他覺得要拜託每一位日航社員一起重建向心力，會是成敗關鍵——這是他一人獨思的結果，而且也要製造一人對一人的交會片刻，讓對方感受到自己的誠意。

不僅是自己的孤獨很重要，給旁人孤獨時間也很重要。他參加宴會時，一定讓司機先回去，不要等他，事後他問司機都去做些什麼，司機回答，車子開回去後，在小酒館喝了三十分鐘小酒才回家，享受屬於自己的孤獨時間，非常美妙，也才有餘裕思考自己的一天，然後心平氣和地回家！稻盛認為，有孤獨時空與孤獨習慣的人，才能進入討人喜愛的善性循環。因為人的弱點很多，要不斷孤獨地省思才能拋棄私心，為更多人著想，也才不會頑固地堅持自己的想法而不肯改變，過度自我肯定。而且越忙的人越應該孤獨，否則就會失去自我！

「經營者是孤獨的」，許多日本著名的經營者都坦承自己看似交遊廣闊，其實沒有朋友，連酒友都沒有。但這樣的孤獨最好，比較不會失去最重要的臨場感，許多經營者覺得把時間與精力花在跟現場員工交流，需要大量的孤獨時間來思考全盤的戰略而做決定，其實沒有感受孤寂的餘裕。

日本許多調查也顯示，職場上許多人都有相當的孤獨感，像是有煩惱無處可商量、到處都不需要自己、沒人聊天、沒有互助氣氛、代溝嚴重、自私的人很多、自己升遷比別人慢等等，都覺得自己是孤獨的，但如果理解每個人都有這樣的孤獨，多靠跟自己開會的方式，慢慢地能找到解決的對策。

許多人覺得自己永遠是對的、很強的，但是世界或自己在不知不覺中卻改變了，如果沒有好好孤獨一下，就會不斷錯下去。孤獨讓人不會輕信諂媚或中傷，隨時回到初心，隨時能再出發。如果不知道如何利用孤獨，現在就拿出紙筆來，在白紙中間畫一條線，自己扮演A與B，開個會吧！一定會得出對A與B都有利的結論。

學習與自己對話，製造屬於一個人的會議時間。（林宛蓉 攝）

龜毛、執著與講究是一個人的特權

不婚、一個人才能對許多事物非常講究，有所執著。或許在很多已婚的人看來覺得很龜毛，但這是一個人才有的特權，因為已婚的人往往很將就，對於許多事物都是先求有就好，趕快解決眼前的問題就好。現代社會大量生產、大量消費，並非好事，也因此許多人逐漸有所講究，只想要高品質，追求真貨，不會輕易買個贗品或次級貨充數。

能夠這樣龜毛實在很不錯，在日本被稱為是「本物（真貨）志向派」，是很尊貴而引領時代風潮的消費方式，不僅是購物，旅行也是，凡事有所執著，也從講究高級或自然等本質來琢磨自己的感性與創造力。因為被優質的事物包圍，自己才能優化，成為有魅力的極品一人。

日本專門以享受一個人時間為主題的網站，根據調查作出「一個人白皮書」，發現二十~四十九歲的獨身貴族對於自己所在意的事物都不會小氣，很肯花錢，認為這樣的堅持，算是一種自我投資，透過真正的體驗來讓自己成長。像「本物志向派」的月子就說：「我沒必要用那些模仿的東西。好東西要用了才知道呀，不要只是聽說呀！」

尤其是過了三十五歲的獨身貴族，許多人收入都相當不錯，更不想隨便遷就。典子說：「我用的東西很有限，當然要用好的！」或是悠太朗也說：「我家裡的東西，全部都看得見，當然要買好的，純自然的物品擺在一起，賞心悅目，也有統一感。」

樂天網購調查顯示，二十~四十九歲單身有工作者的年收，都比日本平均家庭還多，大家都非常積極對自己投資，而且有自己特有的價值基準，並基於這樣的價值觀來行動，勤於蒐集資訊，也不時在SNS發訊或查閱消息。

這些執著的本物志向派，要買一個東西總是會多方蒐集資訊並進行比較，資訊來源平均八．四個，不會輕易「衝動買」。我跟許多已婚、有家庭朋友聽了都覺得「有

本物志向派因為被優質的事物包圍，自己
才能優化，成為有魅力的極品一人。

夠龜毛！」但其實這樣才對，要增加一件東西都應該好好考量。我算是資訊派、比價派的，但頂多看二、三處就厭煩了，最後常買到錯誤、不對勁的、無法穿戴的，結果又再買一次。有家庭之後，大部分的事都十萬火急，腦子裡往往是「有了就好！」的念頭，或是想到家裡或許需要什麼，臨時再出去買，因此買起來備用的貨很多。想來，大量生產、大量消費的罪魁禍首就是像我這樣的人吧。

調查顯示，執著的本物志向派都自認自己的本質很樂觀、誠實、信賴、感謝、熱情，而且勇於嘗試，也就是對於人生跟生活非常認真，真令人尊敬呢！而且被這樣認為龜毛的獨身貴族，都很有計畫地儲備自己的資產，用錢很精明；健康養生意識很高，為了健康，入口的食物都很注意，多花點錢也要買材料好的、無添加的自然食品，買食物時都會細細研究標示的成分以及賞味期限等，而且也想買美味的。月子常說：「能夠進到我肚子裡的東西很有限，不能隨便填呀！肚子的空間很珍貴的！」

我雖然喜歡美食，但也常常隨便吃。最糟糕的是美食當前，不會因為吃不下就不吃，就算吃不下也還是吃，不吃完覺得很可惜，而且往往做了或點了超出需要的分量，對於自己的食量有點麻痺而不夠精準，不如月子、典子這些單身朋友。

本物志向派在食、衣、住、行各方面都是如此，對品牌未必執著，但都有自己的看法，對材料跟設計講究。不會覺得獨處的時間有自我犧牲感，每天醒來都非常充實，而且想成為能給別人刺激的人。也因此出國旅行時積極拓展視野，不會因為價格或假期喬不攏就「這次去別的地方算了」，不輕易妥協，只去自己想去的地方，也儘量跟當地人交談。悠太朗就是如此，他自認不想龜毛，不過如果這些堅持是龜毛，那也只好認了。龜毛原來不壞的！

製造一個人時間，享受獨處美好

一個人的時間是很奢侈的，能好好活用，人生會截然不同。一個人的時間不是需要打發的時間，反而因為不夠用，需要不斷去製造一個人的時間，因此絕對不要因為日程表上出現空白，就非要填滿不可。

如何製造一個人的時間？除了讀書、聽廣播、戴耳機外，可以沒事就到 Café 坐個三十分鐘，什麼也不想；或是寫寫自己最近在想什麼、想做什麼，這段時間關掉手機，不要被各種來訊打擾；或是一個人去看電影，自己的感想不會受別人影響，不是所有的事情、想法都必須跟別人分享才行；或一個人搭車離城，遠出一下；或一個人開車，盡情自言自語，像在跟街道風景對話。絕對不是瘋子，不要擔心！

典子說：「只要有時間，我就一個人自問自答，或許幾十分鐘，或許更久！如果

如果好好珍惜一個人時間，不可
思議地，身邊就會有很多人靠攏
過來，變得很有人氣。

旁邊有人看到會笑我吧。不過至少我可以多理解一下自己的事，這是很辛苦的一種訓練呢！一點也不開玩笑的！」

日劇《孤獨的美食家》男主角井之頭五郎也强調，「吃東西時，最需要不被干擾。怎麼說呢……吃東西是一種靈魂的救贖，也因此需要一個人，寧靜而豐富。」這就是孤獨美食的真諦！不過，不僅吃東西，吃精神食糧——閱讀——也是；或自己一個人逛街，看到自己喜好的物品時，也不喜歡店員來問三問四，反而失去跟那件物品單獨面對面的機會，因此日本有些好店，會貼了字條說：「如果您需要店員協助時，請不吝呼叫。」不讓店員緊迫盯人，破壞一個人特有的境界。

卸除跟外界的接觸、聯繫，製造一個人的時間很重要，一個人的時間是凝視自己、正視自己的好機會，才會有許多新發現，甚至可以創出大事業或自己人生的新鴻圖；自己一個人能過得很好，和兩個人、三個人或很多人在一起也才會過得很好。

如果好好珍惜一個人時間，不可思議地，身邊就會有很多人靠攏過來，變得很有人氣。因為珍惜自己一個人時間的人，懂得珍惜自己，也會珍惜別人；自己能享獨處之樂，跟別人一起更能享樂；自己能幸福的話，跟別人在一起也才能幸福，才會帶給自己與他人豐富的人生。如果一個人不珍惜獨處時間，很容易自怨自艾，人生也會貧乏化，無法帶給別人快樂與幸福，更無法開創多重而充實的人生。獨處太可貴，是別人求之不得而羨慕的極品時間，好好活用吧！

寵物不只是寵物，比家人還要家人

悠太朗原本是超級大菸槍，不過他在一年前戒菸了，以前幾次戒菸都大失敗，但現在他說：「因為我家兩位貓小姐都不喜歡我抽菸！」

悠太朗愛貓是可以理解的，為貓戒菸也可以理解，但是他怎麼知道貓不喜歡他抽菸呢？悠太朗說：「貓是我最好的家人，我怎麼會不知道她們的想法？」

真的，尤其是獨居者，寵物不僅是家人，還是唯一的家人，比住在遠處的其他血親更親。像悠太朗就說：「雖然我出差時房東會幫忙照顧，也很善待她們，但是我出差一天跟出差三天，回來時她們的狀況完全不同。出差一天回來，只是很熱切地貼近求抱，但出差三天的話，她們就變得沒食欲，無精打采，要好一陣子才會恢復原狀。可見我沒辦法陪她們，還是相當有影響！」

悠太朗又說：「兩位貓小姐，如果過度親近其中一位，另一位還會吃醋，會生氣去破壞家裡的東西，跟人沒兩樣呀！」就他對自家貓的心理觀察結果，他真的是寵物的心理專家，讓我們覺得他的貓權比我們這些朋友的人權更尊貴，他長年一直不願意為我們戒菸，現在託貓的福，我們也獲得清淨空氣了。

這些有寵物的單身者不僅覺得自己是寵物的專家，而且覺得從寵物身上學得許多重要人生觀。像麻里子收養了一隻遭遺棄的貓，貓原本因為生病，毛都脫掉了，她費心照顧半年，現在不但長回來，而且非常美麗，才發現是品種滿名貴的貓，麻里子把她取名為 momo，很得意地在推特張貼大變身的 momo 照片，未料居然出現自稱是貓主人的女性要求歸還，而且手裡還有當初購買時的血統證明書等資料。momo 雖然對那女人的呼叫有點反應，但是一直不願意離開麻里子。

麻里子內心雖然覺得「當初妳把貓拋棄，現在才來要回去，真的無法理解！」但是日本法律規定貓主有權主張所有權。幸好，一開始有朋友提醒麻里子先去警察局登記拾得「遺失物品」，取得編號，然後才帶回家照顧，如果三個月內沒人申報遺失或是要求領養回去，棄貓就歸領養者所有；原主人拋棄 momo 半年後才來找，因此麻里子才是真主人！

麻里子從momo身上感受到，貓短短的一生也會翻轉好幾次，因此自己不必一直覺得人生只有如此了，可能會再出現許多超乎人生預料的事。「貓生」都可以重來好幾次，人生當然更是沒問題！

一人一犬旅。主人去洗手間時，把狗圈在
路標上。

誰說單身者無法信賴

大阪有家軟體開發業者Cloverfield，居然在公司推特發言表示「年紀老大不小還不結婚，難以信任」，遭各界批判，形成Flaming（日文稱為「炎上」，亦即燃燒狀態）。這種說法真的是過時而且歧視單身，用結婚與否、有無孩子來斷定人的社會信用與負責與否，這是上個世紀的想法。一家事業內容必須走在前端的公司，沒想到高層的想法如此落後，怎能期待籠絡人才！

這家公司打算大幅提高職級津貼，尤其是要引進住宅津貼及家屬津貼，竟然表示：「雖然不能明目張膽地說，但有沒有孩子，責任感不同。」用公司名義公然這樣說話，實在太明目張膽，當然引起公憤，認為該公司還活在古老的日本經濟高度成長時代，靠男人一人養家活口是理所當然的。在那個時代，妻子不必出來工作，男人必須賺到讓妻兒溫飽，才能獲得社會信用，否則被認為不算是男人；如果沒有養育孩子，即使有結婚也都會被看扁，當然單身更被認為是「奇人」「變人」——也就是日文「怪人」的意思。

不過這是一九五〇年代的想法呀！日本到一九五〇年代為止，五十歲前連一次婚都沒結過的男女各占1%，也就是大多數人都有結婚，稱為「皆婚社會」。但在二〇一五年，男性提高到23.4%、女性14.1%，二〇二〇年以後會更驚人吧？不久，男、女性都超過50%也不足為奇。

雖然「單身的人無法信用」的價值觀已成過去，但現實社會還是多少存在這樣的偏見，也就是認為有結婚的人，才具有足夠的溝通能力，達到共創婚姻、家庭的關係。溝通能力是現在企業對人才要求的一個主要項目，結婚只是比較有形且容易推測的方式而已，但這種說法才是「你們公司（高層）年紀都老大不小了，還在說這些話，令人難以信任！」現在公司或社會上不結婚的人非常多，大部分都會地區早已超過三成，但大家都有溝通能力，社會體系照常運轉下去，甚至因為很多單身的人很拚命，才跟得上時代！

企業如果覺得只有結過婚的人才有信用，那就應該讓年輕人擁有更好的收入，例如提供育兒設施等，讓他們會想結婚，支援他們安心生子，而不是公然說出：「年紀老大不小還不結婚，難以信任。」幸好，現在的企業不會過度優待已婚者，逐漸轉成實力主義路線，那樣對員工而言也比較合理。

各界指出，要看職場男女的社會信用度，與其說結婚與否，還不如看是否曾經獨居過。如果自己連一個人生活都很難自己負責，永遠依賴父母提供資源的人，反而才更難以信任。但也有人認為跟獨居或單身無關，會負責的人就是會負責，不負責的人結婚生子也未必負責，還會連累妻兒及家族呢！

一個人熱中工作的時間永遠不夠

日本最近好幾位得獎作家都是邊上班邊執筆寫作，也就是「會社員作家」越來越多，這些人甚至還開設人氣詩文部落格，成為知名網紅，身兼數職。這些作家的特點都是單身一人，但不只是因為一個人才能做出許多事，每個人都可以費心地製造屬於一個人的時間，一個人的時間永遠也嫌不夠。

如果除了本業的工作外，還有其他能熱中的事，人生會更有充實感，對於本業反而有很大的幫助，這也是現代許多日本企業開始允許員工從事副業的原因。其實不只是一個人需要有完整、熱中的時間，任何經營團隊也是一樣，不僅要建構能自動運作的企業機制而已，是要讓自己乃至員工都能有更多的時間去做自己熱中的事。

像是最近很紅的燃殼，就是邊上班邊寫作，單單他的詩詞及小說網站就有二十三

不知不覺地做，驀然抬頭一看，原來只有
自己一個人，這是很棒的狀態。

萬粉絲追隨。他邊做影像美術製作的工作，還跟朋友創立三人公司，如何讓公司不倒一直是他的人生目的，他拚死命去拉訂單、通宵作業等，雖然讓公司順利成長，但因為是承包電視公司等案子的事業，永遠在提心吊膽會倒閉，因此他跟許多人一樣，如果副業做大了，就打算辭掉本業。

他覺得，只是做美術的工作，世界會很狹隘，但因為開始寫作，有了別的世界，認識很多人，得知世間還有很多別的價值觀與想法，也對自己的本業有很大幫助，因此充分享受腳踏多條船的樂趣。

他認為，自己在孤獨的時候才會全力以赴，因此很特意去製造一個人的時間。像是他在人少時會聽深夜廣播；有的工作或寫作要全神貫注，需要很大的耐力來做，他就塞住耳朵，讓一個人的時間更為澈底化。燃殼認為，任何人做自己覺得有趣的事、能熱中的事，都是處於一個人狀態的。尤其是不知不覺地做，驀然抬頭一看，原來只有自己一個人，這是很棒的狀態。因為擁有孤獨的時間才有現在的自己。

單身才能把興趣當工作，但得有真本事

許多人很羨慕我的工作就是我的興趣，寫寫我喜愛的旅遊、文化及社會觀察等，的確很不錯，像是找到自己的天職。不過在此之前，我也曾隸屬於組織，要獨立而且只寫自己想寫的作品當飯吃，還是需要一點決心的。如果單身一人，沒有其他家庭負擔的話，大概更容易去嘗試以自己的興趣當工作吧。

好友英史因為熱愛蒐集古老家電，如卡帶收音機、CD收音機或音響等，量太多，而且百摸不厭，自己也學會修理裝配，因此在三十九歲時辭去工作，從蒐藏家蛻變為專業古董音響、家電業者。沒想到時代跟著轉，生意興隆，規模不斷擴大，讓他覺得拿興趣當工作是做對了。

把興趣當工作最大的好處是，原本是自己喜愛的事，要是失敗了，也不會因此厭煩而不做，往往還會繼續做下去。因為是興趣，即使沒賺大錢或賺不了什麼錢，也都會很開心地做。

當然，也有人可能原本不在乎勞力跟報酬，但逐漸失去餘裕，覺得工作和興趣兩者不要混在一起比較好。拿興趣當工作時，最好更精心鑽研一下技術，讓自己的興趣昇華到能生出利益來，那才能當飯吃。像是許多日本上班族的小確幸是提前退休，開創自己的小事業，甚至許多OL想開Café或麵包店等，但這還是需要像是烹調或烘焙咖啡等專業技術，也還需要其他的相關知識與涵養。若是興趣，多做什麼都是賺到的，其實不以為苦。

英史從學生時代就迷上收音機跟無線電，在設計公司工作後，工作外的所有精力和財力都用在蒐集古董家電，尤其是收音機、音響跟電視，因此許多電視劇要演昭和時代、大正時代的鄉土劇，都會來跟他租用，成了重要收入之一。古董家電或許象徵日本一個古老美好的時代，才會讓英史從國中到現在近乎四十年都那麼喜愛。能成為工作，也是他因為鑽研很深，有專業水準，也有相當風評，才能順利靠古董家電吃飯，發展成有點規模的小事業。

其實，他更喜歡蒐集古董家電的過程，像是接到聯絡後親自去看，現場跟原主人聊天，得知這些古董的典故淵源，然後決定自己是否採購還是放棄。他喜歡把這些造型優雅的家電帶回來修理，讓它們重生，從破銅爛鐵變成可以使用、發出悠美聲音的古老機器，這些事本身就很有成就感。只要有人要買，他從未躊躇過，這是他把興趣當事業來做的基本守則，否則很多類似的蒐藏家都只賣二級貨給客人，一級貨捨不得賣，留著當自己的珍藏品，那樣有失做買賣的基本信義。

英史最近跟一些中國電器廠商研發設計復古風格的家電，他的企畫讓他的興趣全派上用場，也因此每天都很快樂。不過，因為是自己一個人，才可能長年把所有的精力、財力揮霍在這些普通人眼中的大垃圾上，很少女人能接受，也因此他覺得只有單身才能貫徹興趣成為工作，而且也不會為了一些小挫折而在意。

不過，每個人喜愛以及技術的程度相差很多，因此事在人為，具備在組織內工作的經驗、累積人脈與業務能力，有時還是很重要的，這樣才能每天都沉浸在做喜愛的事的幸福裡。

一人公司，勝負自負

許多人發現自己不適合在企業組織裡工作，便辭職獨立，成立一人公司、一人株式會社，過過當老闆的癮。但不論一人社長、一人董事長，都是校長兼撞鐘，一個人要負起所有責任，一點也不輕鬆，也有很多風險。很多人成功，當然也有人處於鬱悶狀態。

在日本，要成立一人公司需要的資本額很低。像弘樹是APP製作人，他獨立時是零存款狀態，但是為了維持最基本的面子，便把自己唯一的資材——電腦，申報為十萬日圓的資本。原本其實只成立工作室也OK，以個人商店的「屋號」型態開張也不錯，非常省事，但是如果法人化，則比較容易獲得信賴，而且他覺得有個「代表取締役（董事長）」或社長的頭銜很不錯。

現在日本共用工作空間（Coworking Space）開始大流行，相繼參與的業者非常多，用合宜的價格就可以租到非常不錯的辦公室，同一樓層也有許多類似的一人公司，大家偶爾還會互助一下，像是請人代為拍攝自己與公司招牌照片等，比自拍效果好多了。

除了像弘樹這樣花不到五萬日圓就租到一個衛生設備等共用的獨立辦公室外，也還有許多國際共用工作空間業者如Wework，也相繼進軍日本，在東京一流的銀座、丸之內等地都設立非常寬敞、舒適、氣派的共用工作空間，而且加入後，也可以使用其他國家大都市裡的共用空間，等於在全球都有自己的辦公室，當然費用不便宜，平均十幾萬日圓起跳，而且很多會員沒有自己獨立的辦公室，只有辦公桌，但能共用的商談空間或免費茶點、咖啡都是名牌的。這樣的外商刺激日本業者，讓日本共用工作空間跟著進化，也讓成立一人公司更加容易。

日本還有許多專門讓人開網路視訊會議的公共空間或是以小時計價的辦公室，使用費不過一杯咖啡錢，也因此如果沒有家庭負擔，想挑戰創業，其實比以前容易多了。許多業者也表示：「比起一人燒肉、一人鍋，一人辦公室的需求其實更大！」

弘樹說自己「常常自己一個人在內心開董事會呢！的確有點不夠熱鬧，意見很有限！」他一個人開公司，前半年毫無起色，推出的APP不賣，勉强收回成本而已。雖然可以重新找工作，雖然也有大公司來拉攏他，不過他就是無法跟自己的公司分手，結果還是維持一人公司。幾年下來，因為漸漸成為有點歷史的法人，委託人也很安心，自己在跟對方談判時很有對等感，也比較能說出自己的意見。

也有位朋友珂緒開一人出版社，她在出版社當主編到四十二歲，因為一直配合公司的意向，只在乎銷路，自己的意見完全遭忽視，常推出自己也不想看的書，原本是自己喜愛的工作，卻做得很不開心。她因為出了一本自己還算喜歡的MOOK，賣了好幾版，因此下決心獨立。她說：「反正也沒家庭顧慮，人生又只有一次，想試就試了。」她發現，現在做書或做雜誌，挑戰性的東西越來越多，一個人反而能輕鬆做到，在組織裡盡是做些「錯不了」的東西而已，對可能性沒興趣。

珂緒在組織裡曾經因為人際關係有點憂鬱，現在每一本書、繪本或雜誌都自己做，而且不需要全部的書都賺錢，有的書只要不賠就出出看，自己負責，成敗都愉快。因為是一人出版社，能省則省，裝訂及寄送都自己來，連去喝酒的時間都沒有，反而比上班時建康多了。她原本就不喜歡成敗由別人決定、事後再來抱怨的上班族生活。即使輸了公司裡昇官遊戲，但不表示人生遊戲也輸了。她只有一個人，樣樣自己決定樣樣自己來，勝負也全是自己一人擁有。

複數工作，紓解未來不安

最近各國都為了許多同樣的問題而煩惱，日本尤其變化很大，如終身雇用制度崩潰、副業解禁、老後資金不足等，都讓人不安。台灣也非常類似，尤其是一個人更容易受到這些象徵時代變化的關鍵字影響，很擔心沒有商量的對象，今後該以什麼人生態度或生活模式來對應比較好呢？

在日本，許多極品一人都非常認真思考這些問題，甚至創造出許多新的工作方式來面對，連帶讓許多有家庭的「非一人」非常羨慕，也想提起勇氣來嘗試一下。

現在日本流行所謂的「同時並行工作」或「平行工作」（parallel work），也就是開發複數的收入來源，不再依賴單一工作或生意的工作方式。這樣聽起來，讓很多人聯想到「副業」的概念，現在日本許多企業開放員工經營副業，雖然有增加員工社會體驗的意義與效果，但也表示公司不再持續終身雇用，必要時就讓員工自求多福，與至今「只要照公司說的去做就OK」的狀況不同。這種時候，如果沒有任何心理準備，往往不知道該如何是好。

平行工作，其實不只是從事副業，而是擁有「複數本業」的意思，也就是幾項工作同時並行去做，都算是本行本業。像是有的顧問公司接到不同案件，不分優劣都同時去做一樣。現在的青壯年，更要勇於「一個人」行動，才能面對未來世界的變化。

有位電腦工程師，十二年前大學畢業後跟朋友開始創業，從超小規模的公司開始，換了八家公司工作後，成為像這樣的平行工作者。現在這位工程師通常手上有五～八件委託，內容主要是新事業的諮詢夥伴以及經營戰略、促銷戰略的企畫、新事業的人才培育研修等。也有位日本朋友在外資藥廠的人事部門工作多年，兩年前成了平行工作者，除了做醫藥人才的招攬、介紹外，也幫醫藥領域企劃人才培育研修等。雖然很忙錄，但都是自己可以控制的。

像上面提到的這位電腦工程師，幫朋友做了網路花店、網路食材店以及實體電玩公司等，獲得創設三個不同領域公司的經驗，也因此有了自信。隨著年紀增長，在本行往往會感到疲倦與極限，但開始去做其他領域的事後，反而獲得刺激，本行的表現也有好轉，因為開創事業或做各種企畫，開始獲得新的觀點，不再是單純領薪水的井底之蛙。這樣的狀態持續幾年，也累積很多人脈，才感受到自己所做的事可以單獨成為一門生意來賺錢，也因此慢慢準備獨立，以諮詢顧問服務為主，而且開始對有希望的創業者進行投資。

要成為平行工作者，最大原則就是在上班期間或是自由工作期間，對於任何工作都來者不拒，絕對不要說「我沒做過，沒辦法做」，所有工作都先做做看再說。我曾經主持過名演員 Lily Franky（リリー・フランキー）的演講，他就是非常終極的平行工作者，他最大的原則就是：「不管什麼都說會做，接下訂單後再研究怎麼做也來得及！」沒有家庭負擔的一個人，更容易去做各種嘗試，能同時並行各種工作、事業基礎，這也是迎接新時代的最佳對策吧？

結婚是強迫別人一起搭雲霄飛車

小有知名度的音樂家豐之，現在四十歲，十年前開始把自己非常熱中的北歐爵士樂當成工作，收入雖然一時大減，但是現在逐漸上軌道。他覺得，因為是單身一人才能放棄廣告業界的高收入，冒險做自己最愛的事。豐之常說：「結婚像是在人生遊樂園裡強迫自己所愛的人一起搭雲霄飛車，如果對方會嚇破膽不敢搭，自己也只好不搭了。」如果他當初結婚了，就失去冒險將興趣與工作化為一體的可能了！

豐之在大學時代，正好日本從二〇〇〇年起流行一陣子的北歐音樂熱潮，讓他從此迷上北歐。他實在太愛北歐的一切，不論生活、設計、城市規畫，尤其是北歐的爵士樂，自己也不斷往返北歐，回日本後不斷致力於北歐爵士樂的推廣。他在日本到處舉行演奏會，最終離開差點沒讓自己過勞死的廣告公司，靠在許多場子演奏維生，也作曲用在廣告上。當然，收入因此有幾年大減，但他靠自己對北歐的認識與涵養，也展開網路設計工作，頗受好評，訂單穩定增加。為了多認識北歐，結交現在常居日本的北歐朋友，現在他也進口北歐雜貨，收入因而大增。二十年來，自己對北歐的各種關心與認識漸漸派上用場了，讓他覺得人生實在太美妙，幸好自己單身一人，才會去搭這輛誰都不會贊成的「北歐爵士樂」雲霄飛車。

要把興趣與工作一體化，需要一些技術與知識的準備，更重要的是要認清自己喜愛的程度到底有多深，還要面對現實來評估收入有多少，才不至於最後因為沒有收入，感受到不到工作的價值，而自我厭煩起來，那樣還不如持續做原來的工作，做到有趣、有累積且有高報酬的程度，也會產生幸福感的。

一開始最好先把興趣當副業，看看能否賺到錢，才當工作來維生。因為是副業，因此不受金額限制，先看看自己的本事是否經得起市場考驗。像是自己開小料理店的幸男，就是先把自己做的菜放在熟識的居酒屋裡擺售，很受歡迎，因此建立信心，相信有人會因為他的手藝上門。他也有覺悟，如果沒人願意為自己的手藝掏錢的話，只好自己當興趣，偶爾請朋友來吃飯就好。但事實證明，他的確有開店的本事，現在他收費不低，也還是夜夜客滿！

幸男因為沒結婚，不會有人反對他四十五歲提前退休，放棄安穩的公務員工作。他覺得做菜給別人吃，隨時都很愉快，每天都真心地笑出來，跟至今聽命於無能、討厭的上司，做根本不利民的花招，快活多了，重新找回自己人生的意義。不過他也說，如果只是討厭職場上相處的人，還是不能貿然把興趣當工作，要知道自己到底有多熱中，興趣有多少市場價值才行。

黃金單身漢，不婚自有理

二〇一九年四月，描寫單身貴族的日劇《東京單身男子》，讓東京都會流行起嚮往自由自在而不想結婚的「AK男子」「AK女子」。AK是從日文「あえて（aete）結婚（keikonn）しない」來的，也就是條件不錯，對異性也還吃得開，但「寧可不結婚」的故意不婚一族。

阿部寬曾在日劇《不能結婚的男人》中扮演性格孤僻的黃金單身建築師桑野信介。二〇一九年十月，時隔十三年推出續作《還是不能結婚的男人》，五十三歲的桑野到了令和時代還是單身，而且更加享受獨居一人的生活，也是最典型嚮往自由自在、不想結婚的「AK男子」，劇中八十幾歲的老母親也承認桑野喜歡一個人生活，幾乎死心了。因為桑野的條件實在太好，妹妹家又經營醫院，不會有什麼意外的經濟或照護等負擔，因此許多日本人的感想是：桑野怎麼可能結不了婚！

但現實上，的確許多條件不錯的男女不想結婚，即使想要孩子，也未必想要結婚。最大的原因還是想把所有的精力、時間及金錢用在自己最想做的事業及興趣上，甚至很多人表示從來沒想過結婚，雖曾有過養育子女的衝動，但卻只是一時興起，現實上很不可能，也就不多想。

黃金單身漢，也就是所謂的AK男子，比起女性，或許AK男子人數更多，尤其像日本這樣的社會，男人必須負起養家活口責任，許多男人不願意被如此束縛。日本過去二十年，首次結婚的初婚年紀提高了三歲，二〇一八年底發表的二〇一六年統計顯示，女性是在29.4歲、男性31.1歲，即使結婚，也越來越少人在三十歲以前結婚；如果是時隔三年的調查，現在的男女應該都超過三十歲才結婚。

事實上，不僅晚婚化，不婚化進展更快。像是現在三十三歲的颯太就是如此，他大學一畢業就進入日本數一數二的廣告公司，很快地因為好表現獲得高薪資及獎金，正好公司有優退方案，雖然不是針對像他這樣的人，但他在二十八歲就毅然申請，用優渥的退休金、積蓄以及貸款，在二〇二〇年東京即將開幕的JR新車站「高輪Gateway」（「高輪入口」站）徒步五分鐘可到之處，買了獨棟洋房，改裝為小旅店。他很早就物色、準備好，而且他的小旅店裝潢優雅，離高輪車站不遠，一樓經營Café，晚上則變成Café Bar，開張三年多，即使現在東京跟他一樣搶著經營旅店或民宿的人多了起來，很多同業都倒閉，但他因為懂得宣傳，每年可以有兩千萬日圓的營業額，算是相當不錯。

這樣的颯太，外表不錯，有能力又談吐風趣，絕對不是吃不開的男人，但是他真的完全不想結婚，還斬釘截鐵地說：「我從來沒有浮出結婚的念頭！」主要是因為在廣告公司時，看到許多三十幾歲或四十幾歲的已婚前輩一點也不幸福，而且不敢說出口，只是夜夜帶著公司的部下、晚輩們喝一攤又一攤的酒，就是不想回家；也有許多同事離了婚，現在每個月支付十萬日圓以上的「慰謝料」當作道歉賠償，有子女的話則得付出更高的養育費。看了這麼多，他不相信有人還喜孜孜地想結婚。

雖然他也曾跟女人交往過，或許也有很多女人主動要求交往，但結果都無法持久。因為他很不想花力氣來安排約會，如果是工作所需去預約餐廳，他都不嫌麻煩，但是女人總被動地期待男人安排，他就會覺得很累。幸好父母看颯太活力十足地朝自己的夢想奔馳，從來沒有逼婚過。颯太認為，結婚會讓自己人生的可能性變狹窄，是充滿矛盾的社會行為，因此一分力氣都不想多花在結婚或共組家庭上。一人家庭才有無限的可能性。

AK女子最貼心，拚事業不婚也OK

AK男女原本被認為是在都市才會出現的新種人類，但是現在沒有什麼城鄉差距，許多地方鄉鎮事實上也存在寧可不結婚的AK男女，甚至言明自己連戀愛都想省。

不僅如桑野般的AK男子受矚目，實際上存在更多的AK女子。這是因為在東方社會，如果女人結婚，會被認定「無法100% 投入工作」，因此如果是負責重大職務的女性，常常為了讓公司或客戶安心，很自然地不想結婚。

許多AK女子發現自己在三十幾歲不結婚時，周圍還多少會帶著同情眼光來看自己。但過了四十沒結婚、事業有成的話，幾乎所有人都會說：「好羨慕妳！」甚至連自己的母親居然也說：「真的很羨慕！」母親因為結婚生子，結果連夢都不敢繼續做下去，覺得自己一輩子都被關在家裡。

甚至可以想像，如果自己過了四十，突然給同事或母親丟出一張結婚喜帖，還會被說：「妳有什麼問題嗎？沒事幹嘛去結婚？懷孕了嗎？不會吧！」整個社會改變到不結婚也逐漸被肯定的狀態，對許多女人而言，不結婚也不會被否定。

像是惠理子，她經營的公司主要在幫大廠開發零售業用的IoT（互聯網）及AI（人工智慧）技術，藉以提高每位員工的生產力及工作效率。她覺得很有價值，家人也很支持，沒有人逼她結婚。她決心當AK女子，獲得投資者、部下及客戶對她澈底信賴，甚至有段時期她連有男友也維持絕對機密，但理解這種狀況且願意完全被她隱藏起來的男人畢竟不多，最終還是跟男友分手了。

惠理子的想法是，結婚或許自古至今都是女人的一種逃避方式。雖然因為無法升官或事業不順而去結婚，是很不負責任的，不過其實人生換個選擇也OK。

惠理子雖然未必想結婚，但是她對自己的健康管理跟美容都付出相當多心血，非常注重營養均衡，也都攝取相當多的疏菜，起居規律，每天運動，不管多累也一定很認真卸妝才睡。她覺得，除了做為經營者需要健康與體力外，因為她想生孩子，想維持能生孩子的身體條件，甚至為此定時去婦產科作諮詢。不結婚無所謂，如果到了年齡還沒機會生的話，就去凍卵。

惠理子也知道，如果不斷琢磨自己、提升層次，或事業更為成功的話，自己越有自信，結果是讓男人越來越沒自信，能成為對象的候選人越來越少，她認為兩人在一起能提升彼此層次的男人大概真的很難找，因此不大期待，或許將來就找收入差很多的男人當伴，像是日劇《你是寵物》（二〇一七年重拍為《寵物情人」）裡小雪和松本潤的關係一樣。當然，伴侶不限小鮮肉，價值觀未必要一樣，但有共鳴點就好。

「敗犬」的概念經過十年也退色了，日本社會認為像惠理子這樣才是贏家的人很多。惠理子認為，「錢和事業順利不是一切，但不被認為是敗犬就OK了！」為了讓大家安心而不婚，AK女人真的格外貼心。

單身不絕對，有伴也不排斥

五十一歲藝人菊池桃子跟六十歲的經產省經濟產業政策局長新原浩朗再婚，新原是初婚，曾經和新原一起工作、也是新原小一屆的學弟——經濟再生大臣西村康稔表示大吃一驚，因為感覺「新原是一直謳歌單身生活的人，怎麼會突然就結婚了？接到通知時啞口無言！」

世間會出現許多自己意想不到的事，但這才有趣呀！雖然單身生活值得謳歌，不過也不必特別排除有伴的可能，因為即使有伴，只要兩人投合，未必要結婚或同居，一人＋一人未必等於兩人或三人、四人，可能是一．五人或許是一．二人。

有許多單身朋友，到了四十、五十歲之後結婚或找到伴，即便如此，還是維持原來獨居生活型態的人也不少，也就是偶爾才去對方家過夜的「通婚」，或是成為固定伴侶，有空時約會，一起吃飯，一年一起去旅行兩、三次等，維持「朋友以上」的關係。

許多朋友謳歌單身的最大原因，是由於時間與金錢可以全部自己決定，享有最多的自由，思考行動自然也自由，不需要接受任何人的事前或事後檢閱，因此不想放棄。事實上，許多女人會對謳歌單身生活的男人動心，男人也同樣很容易愛上謳歌單身生活的女人，因為這樣的人專心地投入自己覺得有意義的事情上，不論是工作或興趣，格外有魅力。許多人不是在自己對愛情或婚姻積極有欲望時找到伴侶，反而是很享受自由時更吸引人，而且也比較容易找到最適合自己的人。

好友謙志郎十年前曾用筆名寫了一本「婚活」的書，不過當時婚活熱在日本已近尾聲，沒有大賣。那時謙志郎已婚，以過來人的身分指導女人尋找適合人選，他認為應該要突破一些盲點，才不會搞些自我感覺良好的錯誤行動。像是選男人，其實只要「清潔又健康」，然後對味就好，其他條件都是多餘的；或是他奉勸女人不要老是琢磨自己，不要弄許多男人比較不熟悉而會怕怕的艱深藝術涵養，也不要老是去塑身沙龍或美甲沙龍，或全身名牌，打扮成無懈可擊的女人，讓男人溜之大吉；

女人還是留點隙縫，讓男人安心些。

沒想到他謙志郎自己在五年前離婚了，現在的他五十歲，想到自己還有三十年的人生，決定還是重新找個伴，有固定可以談心的人還是不錯的。

謙志郎決定換個角度，改從男人找女伴來思考，他發現女人說「什麼都好，其實就是什麼都不好」，希望男人多多關心女人，而且也需要男人多多誇讚，所以，要仔細觀察女人才行。謙志郎單身獨居幾年，也發現謳歌自由的女人很吸引人，因為這樣的女人非常獨立自主，不依賴人，也不會現實地只看男人的經濟條件，這樣的女人對自己或對別人都很負責，本身就有內涵，比較能一起談人生。

謳歌單身自由的男人或女人現在反而很搶手呢！

婚活APP盛行，不以結婚為前提

許多單身者原本熱衷於工作或興趣，因此完全不急著談戀愛或結婚，即使有結婚機會也多所猶豫，不過眼看要四十歲、五十歲了，突然改變心意，想要找一個能相處的人，因此結束獨居一人生活，開始進行「婚活」。說是要婚活，但又不想真的繳一大筆錢去婚友社登記，因此透過比較簡單的手法，從婚活APP開始來找對象。婚活APP非常盛行，日劇《還是不能結婚的男人》裡婚活APP也有登場，大多數人其實是當廣義的交友活動來看，也不會覺得滋味不好。

好友淵子三十九歲時想從「一人樣」畢業，因此一年多來，透過婚活APP跟十個男人見面。十個男人，每個都很奇特，有的甚至荒謬，其中一位是四十五歲的中小企業經營者，第一次見面印象還好，但第二次約會他卻帶了自己二位同齡的男性朋友來，那二人都已婚，又各帶一位同伴來，一位帶了二十二歲、志向是當藝人的年輕女孩，一位則帶了一位AV男優來，分別都是他們的情人！

淵子的工作是超市集團的採購負責人，她說自己如果有點文筆，簡直可以寫小說了。她覺得，要透過婚活APP來找對象非常困難，因此積極申請調動，也嘗試換工作，想跳槽到其他公司。如果環境改變，邂逅的人也會改變，自己也會改變，是否還要找伴或是結婚，到時候再想，先換環境，或許比較容易遇到對的人。

當然，也不是所有人用婚活APP都失敗，也有一位同樣年過四十歲的朋友優加，享受一人生活很久。有次跟一位同齡男人喝酒聊天，覺得很動心，突然覺得有伴也不錯，為了那男人，她瘦身十公斤，但是告白後，對方明白說對她沒意思。其後，她一度有點害怕跟男人說話，但是透過婚活APP以及email等聯繫，才又恢復跟男人見面。

有次她跟一位補習班老師見面，兩人喝醉就上床了，回家後她表示願意交往，但對方兩、三天後卻來傳來一句：「對不起。」她才體認到自己被玩了，很多人只是想找可以上床的對象而已。但最後，優加遇到現在的丈夫，他第一次約會時就給看駕照跟健保卡，讓優加安心，去參加他公司的活動時，看見他對停車場警衛也都很親切地招呼，覺得這男生看人不會大小眼，格外有好感，也開始認真交往。

婚活APP很多樣，最近比較受歡迎的是不登記收入與年齡，自己先提出一項約會計畫，公開招標，也就是尋找願意跟自己如此約會的人，先享受約會樂趣、或是先找到興趣相同的人再說。

會有如此輕巧沒負擔的新種婚活APP，如「Preme」，主要是因為日本單身者真的會使用婚活APP或去婚友社登記的只有三成，其他七成則認為「有機會遇到對的人再說！」所以並不積極，因此，乾脆玩這種約會計畫的APP，像是「洗耳恭聽你的煩惱一小時」，或「在Café邊喝咖啡邊用塔羅牌算命」「邊喝茶邊談最近看的相撲」「一起去美味的餐廳吃泰國菜」等等，各自展現長處來提出不會有太大負擔的計畫，讓任何單身者可以比較輕鬆地跟投合的人約會，卻沒有一定要結婚。這樣純粹而不看數字的婚活APP，反而能製造一些真情好緣份，投合的兩人或許成為好友、好伴侶，但還是維持原來自由獨居的生活，因此不論對婚姻想法如何都能使用的婚活APP正在嶄露頭角，人氣上升中！

任何人都是一個人，有伴侶更要活出自己

台灣的「極品一人樣」逐漸擁有強烈自我，不再因為結婚適齡期或父母想抱孫子而倉促結婚的人變多，雖然壓力還是很大，但很會盤算、思考自己的未來，反倒是許多已婚熟齡的朋友，為了在已經有點疲憊的婚姻關係或過度依賴、被依賴的兩人關係裡還能活出自己，苦惱的人很多。但已經有人找到如何獨立、自得其樂的方式，過得很快活！

不論任何人，一定要自立自主地過得開心。這樣不但獨居能過得好，跟別人一起生活才能過得更好。自己一個人過得悶悶不樂，或覺得自己很委屈地在犧牲奉獻，跟別人一起生活也不可能好。因此獨居一人過得開心固然重要，但跟別人同居或已婚族也懂得一個人如何自得其樂，實在更重要。

許多熟年夫妻關係冰冷化，雖然生活在一個屋簷下，但幾乎不說什麼話，尤其退休族身上非常常見，但基於習慣與社會概念，很多妻子一樣做飯、洗衣服，為此無法離家太久做自己喜歡的事。有天丈夫突然表示：「妳再也不必趕回家做飯給我吃了。」原來先生自己申請搬進養老院，妻子因此非常錯愕震撼，覺得自己到底哪裡做錯了，兩人雖然沒話說，也沒吵架，也沒離婚，但丈夫卻突然要住養老院，明明是丈夫拋棄自己，但別人還以為是她拋棄丈夫，痛苦很久。不過兩人分居後，丈夫每週來吃一次飯，互相報告近況，反而變成有話好說的朋友狀態。

這樣的結果還算圓滿，如果雙方都知道日本人有所謂的「卒婚（從婚姻關係畢業）」概念，就可以更輕鬆愉快地面對這類冰冷化、鬆散的夫妻關係，不必等一方採取過激手段才强制中止。卒婚是兩人因為子女或財產等緣故，還是想維持一點牽絆，不想真的變成異路人，所以採取分居、或在家裡分居的狀態，互相給對方更大的自由，行動不必一一跟對方報告，更不需徵求對方同意。也因此，日本許多熟年夫妻，如果不是一方搬出去，就是把房子改為雙寢室，甚至獨棟、兩層樓的房子就改成兩個門戶，進進出出都跟對方無關，也各自開伙，偶爾才聚餐一下，兩人關係反而可能好轉。因為重新變成一個人，兩人才各自又變得有魅力，而不是兩枝破掃把，互相不珍惜對方。

熟年夫妻關係裡，往往是男人比較依賴，尤其普遍生活能力較低，或許加上自己長年當主管，在家裡往往不改這樣的習慣，因此產生對女人強烈的拘束欲，讓女人覺得自己一輩子都為了別人活而很不甘，才會出現許多熟年離婚。很多退休的丈夫不會安排自己的生活，不想出去見朋友或旅行，也沒有可埋頭的興趣，整天都在家裡，把妻子綁在家裡，即使有錢，卻生活得很困窘。偶爾陪妻子出門，只是在叫：「好了沒？」「不要等了！」很沒耐心，讓妻子覺得一點也不想跟他出門。因為現代人平均壽命長，一段婚姻硬要從二十、三十歲堅持到八十五歲以上，其實非常辛苦，甚至有點恐怖，因此採取卒婚，可以讓自己獲得相當程度的解放。

如果還不想失去對方，最好學學年輕人享受一個人的各種作法，從自己開始出去小旅行開始，當天往返也OK的。如果並不想真的跟對方分手、離婚，那就訓練對方發現一個人的妙處，各自享受一個人吧！

單身百百種，人生感受大不同

單身也分很多種，若從婚姻履歷來看，可以分成曾離婚過的「離異單身」與從未結婚過的「純粹單身」，有的「離異單身」或許還是單親媽媽或單親爸爸，也有的孩子不在身邊，獨居一人。因此一口「單身」，內涵大不同。

許多純粹單身女很尊敬離異單身女。像月子與藺子是純粹單身女，她們覺得像真由美這樣的離異單身女很厲害，經歷了純粹單身女所沒經驗過的婚姻生活，但是真由美卻表示：「結婚並沒有選擇或被選擇的感覺。一旦離婚，反而有被釋放或釋放對方的感覺。好不容易離婚，回到單身，覺得純粹單身很珍貴！」

月子跟藺子都對獨居生活很有心得，在工作上也有相當的滿足感與某程度的成就，但覺得結婚或是離婚是自己沒有過的經驗，因此覺得真由美是比自己「視野寬闊的人」，像是有人來諮詢感情婚姻問題時，純粹單身女比較沒有自信給予建議。但真由美的想法正好相反，她認為自己的婚姻生活雖然不長，但結婚的那幾年把自己關到一個狹隘的世界，無法盡情去外界吸收新知，因此反而視野狹隘，她認為有無結婚經驗跟一個人的視野無關！

現實上，許多離異的單身男女被認為有過婚姻經驗，因此心情上比較有餘裕，做為交往對象比純粹單身還受歡迎。但是一項結婚調查顯示，大多數人覺得離異單身或許情況複雜，結果像四十歲左右的純粹單身女，比較多還是想找純粹單身男。

純粹單身也有屬於純粹單身的煩惱，像藺子覺得自己沒生孩子，甚至多少有些罪惡感。真由美的想法則跟藺子相反，不論單身或結婚時，她都沒有想要孩子，也無法想像生育孩子的自己。女星山口智子幾年前公開自己「不生孩子的理由」，從小因為父母工作忙碌兩人又離婚，她叫祖母為媽媽，看到父母和祖母都為了旅館的家業而犧牲人生，因此她不想繼承旅館，也不相信血緣的關係。因為有這樣的宣言，讓真由美覺得輕鬆很多。現在把不生孩子的人看成怪人的人真的不多了！

有人結婚不想生孩子，有人單身也想要孩子，同樣單身，真的想法很不同。雖然，個人可以把生育和結婚分開來考慮，但社會制度卻還跟不上，也因此很多人責怪不婚者。如果社會保障制度也把生育與結婚分開來看，或許少子化問題會比較容易解決吧？

迎接大獨居時代

二〇二二年，日本即將跨入「獨居社會元年」！之所以發生日本單身戶暴增的現象，跟一九四七年出生、戰後首批嬰兒潮世代即將邁入七十五歲有關，其中更有許多女性因丈夫去世，單身、獨居成為這個世代超越其他世代的共同現象。

即使在二〇二一年的現在，日本每三戶就有一戶是單身戶，「一人家庭」終於變成多數。所有獨居者猛然發現自己走在時代尖端，已是社會主流，不必遭到異樣的眼光對待了。不僅日本，南韓也有三成是單身戶。二〇一九年，台灣的單身戶高達二九五萬戶，占33.44%，二十到三十五歲的未婚族群高達三六七．五萬人。我想，台灣單身戶也不會少於日本跟韓國的，尤其在台北或其他都會區，如果不是只從戶口名簿來看，數量應該會更多吧？

不過，雖然知道身旁的單身戶不斷增加，很多人並沒有真實感，他們很好奇一個人到底都在做些什麼？一個人居家有意思嗎？日本許多單身戶也對其他單身戶在家做些什麼很感興趣。因此，NHK有一個專門拍攝獨居者生活樣貌的節目《給週五的獨居者們》（金曜日のソロたちへ，A Solo Life on Friday）。由於收視率相當高，從二〇二〇年十月起，這個節目已由不定期轉為定期節目。

《給週五的獨居者們》採用定點鏡頭來拍攝單身年輕人在家中的生活情形，節目赤裸裸地呈現單身男女的居家百態。像是許多人對自己在家中的餐飲非常講究，很會享受一人至上的幸福時光；也有人邊喝紅酒、邊追劇、邊打毛線，一身數用，自得其樂；有的人則是益智節目狂，一整晚都在猜電視上益智猜謎的題目或網路猜謎遊戲等，幾乎在桌前一動也不動。更有很多人會拍下自己的作品，上傳給電視台。

當然，關起門來能做的事還很多：像是有演説者在練習台詞、未成名男演員在狹窄的房間裡鍛鍊肌肉、小有名氣的藝人也得自己洗衣服——大部分獨居者看起來都很努力，年輕的獨居者尤其拚命力爭上游，想造就更厲害的自己。讓人體會到，原來獨居是為了實現理想的絕對必要！

在屬於自己的小宇宙裡回到原型，獨居原
來可以如此開心、充實！（林宛蓉 攝）

許多獨居者表示，他（她）真的很喜歡一個人生活；一個人在自己的房間最自在、最舒適，只有在這裡才能恢復自我，也創造新的自己。許多人即使在外面跟別人一起相處很長的時間，或是偶爾寄宿在同一市區內朋友的家，第二天一定要回到自己的住處，並非家裡有貓狗不照顧不行，就是非常想回去，至少回到自己的家幾個小時之後，才能再度出門。

因為是完全屬於自己的家，做什麼都好，不做什麼也很好。不會有人問「你想做什麼？」不必在意任何人的存在，即使沒有目的，也想確保自己物理上擁有可以一個人獨處的時間，這對自己而言是無上療癒，否則無法繼續衝刺下去。

不過，單身者喜歡獨處，也還是想跟別人有連結，像是跟朋友聊天、上網留言、上網上英語課等。乍看似乎矛盾，事實上因為獨處，才能把這些事做得這麼開心。獨居也必須跟別人有連結，才能繼續生活下去。

許多獨居者或單身男女因為太愛自己一個人獨處時間，不想結婚，甚至有交往對象表示要同居，都只好笑著拒絕。一個人在家實在太舒適、太充實了，不想以結婚為理由而犧牲獨居，不想因為任何理由而忍耐或割捨最珍貴的部分。或許，迎接獨居社會元年，人們的智慧還會開創出新獨居模式。年輕人如此熱愛獨居，也會給不得不獨居的老人許多人生新啟示。

如果對獨居者的主流化欠缺認識，許多產品或服務會表錯情。像是明明單身戶多了起來，房地產界卻只蓋大坪數、多人口用的豪宅，或是旅遊業不肯設定單人行價格或增加單人房而錯過良機等等。

如何跟上大獨居時代的潮流，恐怕是未來各行各業都該好好研究的課題！

一人免活

一個人認真過日子。

一個人的更年期，發現新人生

我的好友保奈美說：「我覺得我的月經開始不順，在大賣場看到衛生棉拍賣，都覺得跟自己快要沒關係了，有點恐慌呢！」保奈美是五十歲左右的單身獨居者，因此她很擔心只有一個人的話，更年期會很不好過。

但這是錯覺，其實不僅女人，男人也有更年期；不僅獨居一人有更年期，任何人都有更年期。隨著更年期，人生進入另一個階段，每個人的狀況或許不同，但都是開展一段新的人生，可以發現更多的自己！

許多人從體力、視力的衰退，工作的判斷力下降或集中力低等症狀，感受到自己已經不再是過去有無限元氣的鐵打金剛了，擔心自己從此不再年輕、不再貌美，感受到自己的有限性以及對於老死的不安，很容易喪失自信，尤其許多女强人陷入升遷憂鬱狀態中，感覺到自己的極限，很可能開始追究自己的人生到底算什麼，甚至墜入自我厭惡。尤其只有自己一個人時，比較容易鑽牛角尖。

因為生理的變化而帶來心境的變化，是最為自然不過的事。其實，正好可以檢視自己至今到底是怎麼走過來的，今後是否還想過同樣的人生，或是已經無法過同樣的人生，乾脆來個大盤點，把自己不需要的偽裝或嚴謹，乃至不需要的人際關係都來個斷捨離，重新好好過一次。更年期就是太陽從頭頂通過的時期，接下來的影子會反映出人的理想與價值，這是人生大逆轉的好機會。

中年後有了點見識，才開始能拋棄別人的影響，真正建立自我認同。更年期是最佳的再出發點，修正並轉換軌道，也就是確立自己新的認同。如果這樣理解，會覺得更年期是很令人興奮的，不能買促銷的衛生棉實在不算什麼。

許多男人為了泌尿器官老化、開始漏尿而煩惱，但這些都不算大事，因為新的人生正在等著自己。生理上的毛病或許要花點力氣，以後要好好愛惜、保養一下，不運動的人開始運動，飲食上也開始多注意些就好。更年期的症狀百人百樣，把症狀說出來，趕快找醫生諮詢，絕對不要自己一個人忍耐，這就是最大的要訣。

很多人在更年期因為其他親友罹病或死亡，陷入嚴重的低潮而無法自拔，沒力氣做什麼事，這種時候，不需要太堅持全勤紀錄，也不要硬搭計程車去上班，先休息幾天再說。像五十四歲的俊哉，他因為長年像媽媽一樣照顧自己的大姊過世，突然出現嚴重失落感，幾乎無法出門。他去做心理諮詢，第一位醫師要他從一步開始也好，先試著在家附近散步，就算走到自家的小陽台也好，他試著做，卻覺得好像不走不行，自己這樣算是異常，反而更無精打采；另一位醫師則說：「不想出門就不要出門，等到自己想出門時再出門就好了。」因此他不出門時心情很平靜，整個人放鬆下來，沒幾天就可以出門了。

人生持續一路衝刺，看不見沿途的風景，現在慢慢走，比較有心情餘裕來欣賞風景或其他跑者的模樣，發現到自己並非無限、並非完美，也不會那麼苛求別人。自己不需要忍耐，也就不會要求別人忍耐了。到了更年期，知道人無需忍耐，會發現人生原來如此美好。

人生持續一路衝刺，看不見沿途的風景，
現在慢慢走，比較有心情餘裕來欣賞風
景或其他跑者的模樣。

我也剛過了更年期，原本隨時隨地都能睡覺，這兩、三年突然很難入睡，我發現許多作家如曾野綾子等也是更年期失眠，但睡不著就不要睡，爬起來讀書報、看影片，享受睡不著而多出來的時間，累了自然就會睡著。一個人的更年期即是如此，跟他人分享、跟醫師諮詢，同時試著愛上不同的、全新的自己。

老後不必怕，安全牌早安排

許多單身朋友雖然覺得歌頌一個人的自由很不錯，還是常看到有報導或電影等描繪可怕的「孤獨死」，因此很不安。然而現實中，一個人在堆滿垃圾雜物的破舊家中孤零零地死，過好久都沒人發現，大多是孤僻的男人，幾乎很少是女人。女人對於自己生存的危機管理比男人好太多了，男人只是因為喪偶或離異而一人獨居，平均壽命就會少十歲，因此最近日本許多獨居對策都是針對男人而做。

很多一人的老後對策，都鼓勵獨居者要擁有很多張安全牌。像是獨居男性一定要多出門，而且在社區裡要有自己常去光顧的小酒店、小食堂，老闆或老闆娘爽朗的玩笑，或是客人間的問候而形成的牽絆，是不喜歡參加各種社區活動的男人一張重要的安全牌。日本各界最近發現，許多社區小酒店或食堂的媽媽桑都在招呼、照應許多獨居男性，對社會其實貢獻很大。

獨居很重要的一個方向，就是住在老後會有連繫關係的地方，可以找自己的好友大家一起住，或是找一個自己可以長住久安的地方，但跟社區裡的人有互助關係，老後就把整個社區當老人院，不必多想什麼養老問題。任何人老後都最好還是能過愉快的自理生活。

安全牌除了生計、住家、朋友關係外，要迴避悲慘型孤獨死最重要的一張牌，就是健康生活，而且不要落得生活無法自理或是倒下也來不及叫救護車，必須從飲食及運動來調整自己的生活。日本獨居者之間流行「低調理」，或是生食無農藥或低農藥蔬果的「慢食」，拒絕人工調味或多蒸少炒炸等，都是獨居者想保持健康的積極態度。

七十八歲、還是現役作家的齋藤充功認為，任何人老後的安全牌除了健康外，就是好奇心，他自己就是憑藉這兩張牌一直走到現在，即使在出版衰退的時代，他還每年出版好幾本歷史紀實的書，貫徹「富貴自有其苦，貧賤自有其樂」的人生態度。他最大的願望就是不受照護保險的照顧，打算靠這兩張牌活到最後。

他在百忙中仍記錄自己每天的行動以及攝取的食物等，因為他覺得「每一天都是新的一天」，因此對於今天會發生什麼事充滿好奇，就會不斷出門活動。他認為，會擔心老後生活的人，都是因為日子過得不夠充實，他自己過得很忙碌，稍微清閒時騎單車去四公里外的大圖書館借書，就是很好的運動；或是搭巴士去美術館、博物館看展覽，每天都會發現自己所不知道的事情還很多，而且也不會花很多錢。

能維持健康，就可以像齋藤般永遠現役，還有新的收入進帳，不必擔心因為太長壽而坐吃山空。像是現在摩斯漢堡雇用非常多阿公、阿嬤來打工，或是許多退休多年的中、高年級生一個人去頂下找不到傳人的老舖，讓這些原本關了太可惜的老舖企業起死回生，自己因此可以找到最佳的第二春。

許多獨居男子擔心自己沒有足夠的生活能力，無法照顧自己，結果在喪偶或離異之後，很快就去參加中高年婚活，急著再婚。現實中，這樣的問題及糾紛很多，因此各界奉勸獨居男子到了中高年應該非常慎重，不要隨便結婚或再婚，即使兩人想在一起，也最好還是分居或是不登記結婚，採取「事實婚」的型態，才不會遭遇只是被當作經濟依賴的狀況，金錢上負擔不了，甚至發生繼承紛爭因此斷了子女關係。越老，一個人的身分也越珍貴。

不分老少都從提高免疫力開始愛自己

一個人獨居，最重要的就是健康，因為到最後終究要對自己負責。一個人不必為了怕無法叫救護車就硬要結婚，尤其是面對冠狀病毒或是未來各種難以預料的瘟疫，一個人重要的是懂得如何保護自己，提高自己的免疫力！

日本政府為了眼前的政治經濟利益，防疫都是鋸箭式作法，問題很多，全靠日本人的個人衛生習慣以及提高免疫力，才算勉強守住。日本人是如何提高自己免疫力的？

除了跟台灣人一樣，勤戴口罩、洗手，以及洗滌、消毒之外，日本人非常重視漱口以及清洗鼻竇。日本人從小，特別是面對新型流感時，格外注重漱口，漱口時會用專門消除病毒的藥水，或是每天在鼻竇噴一點點藥水，洗澡時也順便清一下。這些冬天常做的預防性動作，現在大家更是格外注意。

至於一個人在日常生活中如何提高免疫力，主要有四大項：

一、充分的睡眠。最好能睡七小時，而且睡眠品質要好。不過，每個人體質不同，不必在乎就寢時刻，過於神經質反而不好，原則上要避免吃、喝過分刺激的食物，睡前讓自己放鬆，讓身體有自己的節奏感比較容易入睡。日本人比較重視這點，也注重日光浴。悠太朗就常說：「我昨天沒曬太陽，怪不得睡不好！」像月子這樣的上班族，如果覺得自己睡得不好，就反而晚睡早起，訓練短時間內獲得充分睡眠的習慣。

二、營養要充足。我身邊許多原本在瘦身的女人，因為日本有研究發現瘦身導致營養不充足，免疫力會降低，因此都暫停瘦身，改採運動來維持身材。藺子說：「原來盡情吃、開心吃有助於提高免疫力呢！」當然，不能過分吃，而且最好是吃能提高自己基礎體溫的食物，因此大家比較積極食用韓國泡菜、鬱金（或薑黃）、薑、蒜等，日本超市在櫃檯結帳處擺了大量薑黃相關飲品，因為薑黃不易吸收，有非常多跟乳酸搭配的飲料全新問世！

其他與免疫力相關的食物還有蓮藕、芝麻、糯米、胡桃及花生、黑豆等堅果，牛乳、木耳、蜂蜜、青汁、黑豆、黑米、昆布、鰻魚等。原本不論是否病毒來襲，提高免疫力也是強化生命力，我的幾位獨居好友因為擔心市售的青汁或果菜汁糖分太高，都每天自己用果汁機或調理機現打，隨時加入當下應該補充的營養。像典子，在自己的常備菜裡做了很多的蓮藕金平（蓮藕切成細長條用麻油炒，加芝麻、味醂、醬油等調味），因為蓮藕是最潤喉補肺的。此外日本人也依照東洋漢方，羊栖菜加枸杞一起加醬油、糖下去煮，是非常防疫的食物，隨時可以拿出來當小菜吃。

三、運動。許多原本不運動的人最近都開始運動，想提高自己的基礎體溫而增進免疫力，不過到戶外或健身房運動都要預防被感染，才不會得不償失。除了在家自學瑜珈、體操、或最簡單可拯救下半身肥胖的深蹲之外，日本或歐美也開始流行許多自創的室內運動，像是回歸到人類還是四腳動物時代的走路法，或是化身為各種動物的爬法、跳法，做所謂「animal workout」的全身運動，意外地非常費力。東京現在也開始出現專用的健身房，裡面有各種小道具，例如在地上畫連續十幾個直徑六十公分左右的圈圈，讓客人可以兔子跳。從兩腳變回四腳，其實並不容易，因此只要四十五分鐘，就可以消耗掉七百卡路里，效果驚人。不僅這類室內體操型運動流行，許多人不斷在網路上推出新種一人居家健身法，因為很有人氣，甚至有人打算今後單靠這些招數開班授課。

四、笑容。很重要，不過不必勉強。許多人認為獨居者因為沒有對象不容易笑，其實錯了，一人透過SNS或搞笑影片都很容易笑的。獨居者最不必擔心的是「孤獨對健康不好」的說法。最新研究也發現，交流度不錯的社區因為能交換許多生活或健康資訊，對身體很好；但是家庭羈絆過深，造成閉鎖性氣氛，反而出現壓迫感及焦慮，會過度在乎別人的想法，其實對免疫力或健康都是最不好的。習慣獨居的人本身想法較為自由自在，很適合鍛鍊免疫力！

一個人長夜漫漫好夢多

獨居、單身者原本就是很會享受「一人時間」的專家，現在變成防疫時代沒事少出門的先驅者，對於一個人在家也一點不以為苦，甚至引以為樂，因此成為許多遠距工作者、或是愛在外面閒逛者的指導員，提供許多如何度過一人時光的好主意。尤其像日本及許多國家都規定夜間不要出門，大部分的夜店或深夜食堂等，都是必須迴避的三密（密閉、密度、密接），東京幾乎所有餐廳、店家在晚上八點必須關門（居酒屋七點後不准供酒），因此每個人的夜都比以前長。要如何度長夜，才能好夢多多呢？

喜歡手作的禮子表示：「我喜歡在安靜的夜裡，做許多東西，大腦是放空的，覺得那才是真正屬於自己的時間。」禮子最愛買許多農家賣不出去的水果來做果醬，因為都是當季盛產的，無添加又不會過甜，調配適度，她做多了送朋友都深獲好評，大家覺得她可以開果醬店，於是在網路上開始銷售，反應非常好，或許她的副業可以轉為正業了！

深夜是雜音最少的時段，也是一人居家最能面對自己、跟自己對話的時間。繭子都用來寫日記，寫了二十幾年，不是要給別人看的，而是自己面對自己的紀錄，也是自己生活行動與思考的紀錄，許多內容連自己讀起來都會臉紅，但也有很驕傲的，因為發現自己當時就已經有那麼成熟透徹的想法了，反倒現在的自己看不清許多事，年輕時的純真是很珍貴的。

現在也有把自己的想法、聲音貼出來的網站「note」，也就是把自己想到的事、語彙或項目寫下來、記錄下來，然後貼在這樣的一個筆記本的網站，用戶可以表現自己，也可以找到其他有類似想法的人進行交流。如果是會用聲音表現的人，可以把自己的話錄下來，貼到像「Radiotalk」這樣的網站。有的網站只要下載APP，等於自己開設一個網路電台節目，這種事最適合深夜一個人整理自己一整天的想法了。

超級夜貓子的我知道夜是很短的，常常稍微做點小研究，天就亮了。最近我開始研究公園、森林以及富士山，蒐集與富士山相關的文學作品及地圖等，夢想疫情結束後去登山，然後也寫出好作品。光這樣的想像，就可以讓人夜夜有好夢！

早起，一人時光更精彩

我是超級夜貓子，偶爾因為旅行或是參加活動，不得不連續早起幾天，竟發現原來早起如此美妙。我之所以很晚才睡，主要是因為有家庭的人要享受一個人的時間，只有等夜深人靜之時。不過，夜裡其實還是有些瑣碎的事很難擺脫，真正能好好享受一個人時間的是早起。

我身邊很多朋友也都是夜貓族，不過，最近有幾個人開始下定決心早起。像是上班族的君生，他公司在東京的澀谷車站附近，每天九點上班，他長年睡到八點，然後每天在遲到邊緣掙扎，而且都是搭最擠的電車，通過最擠的車站才到得了公司，還沒上班就已經疲憊不堪，讓他很不想上班，精神狀態很不好。很照顧他的上司建議早點起床，他就改成每天五點起床，發現電車全是空的，非常舒適，再也回不去擠沙丁魚的日子了。他到公司附近的名古屋系 café，還能吃個雞蛋及厚吐司都免費的早餐，而且在空盪沒人的辦公室裡工作，非常能集中精神，甚至大家還沒上班時，就快把工作都做完了，而且工作品質非常高，成就感或實質業績都提升，每天也變成不需要加班就可以早點下班。他突然發現，原來只是早起三個小時，人生就可以完全不同。

不僅如此，他變成早鳥族後，開始有朋友來約他早上見面，才發現原來有很多人早上先去享受美食、泡湯、觀光，甚至優雅小旅行，或是參加讀書會後才去上班。起先有朋友約在新橋見面，當時築地市場還沒搬遷，兩人就很開心地在天未亮的場外市場名店，吃了美味又廉價的早餐後才去上班。他覺得一天突然多了好幾個小時真正屬於自己，因為是清晨，去哪裡都很方便，因此走路的步數多很多，體重減輕而且結實多了，精神快活，工作順利，跟同事的人際關係也大為好轉。

君生從早鳥朋友們身上學到的事非常多。他也嘗試去東京灣周遊一圈才回到澀谷上班；或是更早起床，去登高野山半山後才去上班；或是前一夜到靜岡縣的溫泉泡湯，第二天搭綠色JR商務艙去上班，覺得自己的人生突然高人一等。此外，他也曾去東京近郊湧泉的著名景點，用甜美的水煮泡麵加料，吃完才去上班。當然，他不是每天都能小旅行，但至少每週一次，身心就煥然一新，覺得自己不是為了公司而活，覺得自己不是為了薪水而工作，所做都是為了自己，不再有被剝奪感了。

藺子以前無法理解許多成功的企業家總是在談早起好處，覺得很虛假，但現在多少可以體會了，早起的話，至少在工作上的判斷會比較精準些。藺子覺得能早起不是靠意志力，而是靠强制力，她把早上上班前的時間都先預約好，除了瑜珈之外，還去參加許多朝活（晨間活動），像是學法語等等，過幾個月她就習慣了，自然早起，不再排密密麻麻的日程了。

最近，日本許多企業也都引進遠端工作（remote work）制度，讓員工不限於在公司工作，也積極鼓勵員工彈性上班，尤其早點上班，也比較節省空調、燈光等能源；甚至為了確保員工能有一個人的時間，設置可以單獨使用的自由空間，讓員工可以提高工作品質，可見一個人的時間多麼重要！藺子說：「我在公司裡沒有自由空間，因此我自己用早起來調整呀！因為早起，更理解一個人時間的價值。」

一人生活不簡單，失敗才能累積經驗

許多獨居者生活得細緻認真，比許多人過得更人模人樣，這絕對不是經濟能力提昇或名師指導所促成的，而是經過許多失敗經驗才慢慢體會出來的。

像是現在一切都自覺達到完美獨居狀態的莉子，就是經過許多酸甜苦辣，才接近自己想要的理想生活。剛開始一個人住時，問題很多，家裡全是泡麵，很快就把身體搞壞，才下決心開始部分自炊。雖然初期也經歷過許多次失敗，不過逐漸知道什麼東西該買、可買，減少浪費，也透過自炊更理解自己。以前內衣褲等常積了很多沒洗，不斷買很多便宜的新內衣褲來替換，或是許多衣物洗完後沒有曬太陽，也沒烘乾，放置一陣子還發霉；現在，她學會看天氣預報洗衣服，連續下雨或工作忙碌時，就利用外面的投幣式烘乾機。

一個人最慘的還是感冒發燒、無法動彈的時候，這時多少會羡慕有家人隨侍在旁。但莉子就會覺得這根本不算什麼，她平時囤積一些運動飲料以及鋁箔包的粥品，補充水分、鹽分及基本體力所需，吃藥後專心睡覺，沒人更自在，想咳嗽就咳嗽，想擤鼻涕多少次也不丟臉。一個人只要稍作準備，也無須麻煩別人。

許多獨居者起初因為偷懶，將鑰匙交給母親等親人一把，母親有時就會來打掃、洗衣服，在冰箱放點成菜等，初時覺得很棒，同時享受獨居與家庭的溫暖，許多男人尤其如此，但後來發現這樣問題很大，例如無法帶朋友回家過夜，或是母親開始囉嗦起來。像勇次的母親就常抱怨他不知節儉，批判勇次的垃圾袋是在附近便利商店買的，沒去大賣場，因此貴了很多，讓他覺得獨居卻沒獨居的好處，終於下定決心，自己好好打掃、洗衣，宣示自活能力沒問題，跟母親討回鑰匙，才終於真正享受一人獨居的好處。

很多獨居者常常為了省錢，反而花大錢。像是俊輔自以為年輕，覺得夏天不開冷氣也沒關係，就是不想讓電費飆漲，結果居然中暑得叫計程車到醫院急診；或是有人一時奮發想自炊，但是經驗不夠，欠缺研究，做來做去都是那幾樣，自己也不想吃，剩餘的材料很多，支出反而增加；有的人自己煮飯，米是鄉下老家寄來的，但是配菜多依賴現成的及便利商店，結果還是花很多錢，而且擔心浪費，都吃乾淨，體重大為增加；也有人常常一整天什麼都沒吃，也不自覺。獨居者偶有爆肥或爆瘦狀況，這些都必須好好注意呢！家裡放個體重計提醒自己也很不錯。

一個人的防疫生活無限充實

二〇二〇年三月下旬出頭，全世界有九億人因為封城行動受到限制；即使不封城，也儘量減少外出以及跟人接觸的機會，聚會時間減少了，大部分活動取消，甚至居家上班者增加，原本習慣的日常不再，許多人悶得受不了，甚至很不安。但是，有些人原本就對獨處較為習慣，不以為苦，現在日本更是有許多名人發表自己的獨處術，宣導改變想法，讓這段時間過得比平常更充實。

如大作家五木寬之公布自己一週以來的讀書清單，真的非常驚人，有許多冷僻或是早年的書。他平日也很愛讀書，但是能有一段時間把自己長年想讀的書找出來讀，有終於一了夙願的感覺。讀書永遠是最快、最佳的吸收手段，看小說可以體驗不同的人生，資訊類書籍則讓人能跟上時代，思想類書籍讓人想通如何面對這個類似戰爭期、中古疫情的時代要如何安然度過。

除了秀讀書清單之外，日本演劇界的劇作家兼導演鴻上尚史，雖然對所有公演都無法舉行感到很無奈，不過現在大家都認了，鴻上也開始改變想法，他主張要享受不安，因此一個人在家看了不計其數的電影，或是許多因疫情而在網路上免費公開的無觀眾音樂會或戲劇表演等。

今後，逐漸不是沒事就四處趴趴走的時代，因為全球發現大移動要付出很多代價，大、小群聚的風險也會重新被評估。過去喜歡逛街等日常，多少被迫改變，但也是去除舊習的好機會，找到更適合自己的生活方式，如托爾斯泰所說：「孤獨的時候，人才會感受到真正的自己！」過去一個人如果寂寞，就跟別人一起廝混，但現在少外出、少接觸，會更有心力及時間來享受、改變僵化的日常。

像是悠太朗，因為公司改成遠距上班一個月，他就帶著愛貓到鄉下租屋一個月，算是給自己放風。在鄉下幾天，讓他覺得自己至今每天都搭混亂的滿員電車、準時到辦公室的日常，其實是很「異常」的狀態，哪天身心會崩盤也不知道！許多單身者對於一個人可以進行的各種活動比較熟悉，現在成為大家的導師，就像悠太朗說的：「防疫不是苦行僧在修行，而是給人生其他可能性的天賜良機！」

後疫情時代的極樂一人時光

平常「一人時光」像是偷來的，後疫情時代則是堂堂正正可以擁有許多「一人時光」，這些時光是天賜的，不要看成是浪費人生的「徒然時光」。因此，要如何才算善盡利用呢？

月子說，她把「一人時光」用在美容與娛樂融為一體的「電影風呂」，一邊看電影的話，可以泡很久的半身浴，每次泡三十分鐘以上，一部電影就分二～三次看。許多人覺得，用手機或是平板電腦看電影很不過癮，還是應該在銀幕、大畫面上來欣賞，但是月子說：「如果要等條件齊全才看，很多好片一輩子都不會看了！不是只有放映器材的問題，主要還是看心情，是否有心情看最重要。泡澡時，是我一天當中最放鬆的時候，此時看電影最舒適，看得最認真，許多鏡頭因此終身難忘！」除了電影外，她也訂閱各種ＯＴＴ服務，日本現在有Netflix、Hulu、Amazon

Prime Video等，她偶爾追劇，不過也說要小心，如果看了《深夜食堂》之類的片，就算三更半夜也常經不起誘惑，想跑去那些不理會自肅（自律）、深夜依然開張的店家。

許多朋友開始到各處公園巡禮，是所謂的「公園時光」。我去過幾處公園，如果是規模大而有樹林的，總有許多人在練習演奏，而且水準很高，對演奏者本人或旁人來說是「森林浴＋音樂」；或很多人在樹下補充心靈營養，是「森林浴＋讀書」；也很多人找出久已不用的繪畫道具，在樹林裡或櫻花下寫生，是「森林浴＋繪畫」；也看到很多人拿著長鏡頭在追鳥、觀鳥或是攝影，是「森林浴＋觀鳥」「森林浴＋攝影」。這些都是極樂時光！我今年的公園時光特別多，因此擁有比往年多數倍的賞櫻時光、新綠時光、太陽浴時光，每一種都是極樂時光。

還可以騎單車到遠處的河岸、海邊釣魚，或探訪建物，走路或騎單車會看到許多平時看不到的風光，也因此日本各地的單車店生意越來越興旺，「單車＋〇〇巡禮」「單車＋〇〇探訪」等都讓人覺得無限美妙。

當然，許多不愛戶外活動的人，也會趁機做些平常沒時間做的事，例如做些織物、烘焙、種花、製作模型、開發一人專用食譜等。至少每天可以多出二～三小時，穿著睡衣或室內服來做自己想做的事！

這段突然出現的「突然一人時光」，絕對不要讓它變成「徒然一人時光」。像是體重原本接近一百公斤的好友篤史，也趁著應酬減少，而且餐廳八點就關門，只好開始自炊，每天加上跑步，才一個月體重就減了十幾公斤，效果驚人，讓大家發現原來篤史是個帥哥。看來等疫情一過，他的豔遇時光就會到來呢！

一個人享受森林浴與寫生的極樂時光。

天天「免活」，人生更快活

不只單身者，提高免疫力對任何人來說都很重要，而且不只是為了防疫，想要四處自由自在趴趴走，一定要自己多保重。一切都能自理，不依賴人，才能成為極品一人。因此許多單身好友常常跟我說：「我們來『免活』，天天『免活』才能好活、快活！」

免活就是「提高免疫力的活動」，是日本當下最流行的一種「活」，到處都看得到「免活」招牌，不僅因應各地不斷升溫的疫情，每個人本來就必須提高免疫力，也才能每天都生龍活虎地過。透過日常生活習慣或是簡單的食材提高自己的免疫力，不花錢也能「免活」！

免錢的「免活」很多。像是不吃早餐的人，至少先喝杯水以及深呼吸，一整天也要頻繁喝水。刷牙時一邊踮起腳尖，或穿襪子或褲襪最好能站著穿，培養基本的平衡能力。出門前，先學相撲力士左右雙腳交替高舉用力踏地的「踏四股」；走路到車站或公司時，儘量動用大腿走路，少用小腿拖著腳走。

有吃早飯的人，午餐簡單些；沒吃早飯的人，午餐最好有米飯，勝過麵食。吃香蕉也不錯，日本許多健康平均年齡高的地方鄉鎮，都有吃香蕉的習慣。下午三點可以吃巧克力補充力氣。在外面，只要不超過三層樓最好上下樓梯，不要搭電梯。電腦打久了，最好聳聳肩，動動肩胛骨。晚餐如果喝啤酒，就要少吃碳水化合物，多吃點蔬菜，好好咀嚼。在居酒屋可以點毛豆、豆腐。吃燒肉就配韓國泡菜，聚餐喝酒也別忘多喝水，餐後不要再吃拉麵。睡前也記得喝一杯水，喝了酒要喝三杯水來醒酒。睡前抬腿搖晃幾下，而且就寢前三十分鐘不要看手機——這些其實算是懶人「免活」，不必格外費心。

在食材方面，最重要的就是多吃蔬菜。日本厚勞省多年前就不斷推行「健康日本21」，主要是提倡每人一天吃三五〇公克的蔬菜，如果是生菜則需要更多，這樣才能活得更美、更健康。事實上，大部分人蔬菜都吃不夠，平均一天只吃二六九公克而已，最佳吃法是高麗菜等淡色蔬菜必須吃二三〇公克，深色蔬菜如番茄、青椒等最好吃一二〇公克以上。因為許多蔬菜擁有高度抗氧化作用的維他命C、E、A以及β-胡蘿蔔素，且蔬菜的纖維是水溶性的，最能整治腸內環境。顏色鮮亮的甜椒更被認為是「免活」聖品、抗氧化的美膚良藥，尤其是紅甜椒所含的維他命非常豐富！

許多獨居朋友都說自己搞「免活」，除了怕中鏢感染外，主要是怕中風，因為單身者最怕中風及失智。其實不僅是單身者怕，誰也都怕。番茄是讓血液流通的代表選手，消除血栓，保持血管彈性，更多好處說也說不完，因此很多朋友都很積極吃番茄。其他的好「藥菜」，還有茄子、節瓜、毛豆、胡蘿蔔、南瓜、金針菇、豆苗、四季豆等，也都是免活的良藥。當然，蔬菜不是一天就會發揮作用的特效藥，但天天多「服用」，一年、五年後就會大不同的。

一人晚飯，一人喫茶
一人讀書，一人喝酒

一人想要更有意思地度過珍貴時光，像是去外面吃點好吃的，或是飯後想去歡迎一個人登門的Café讀點書，現在日本能滿足一個人行動的場所越來越多，甚至一個人也可以安心泥醉、過夜的居酒屋也相繼誕生，讓許多非獨居的人也很想去。

大阪最夯的景點梅田出版一本指南，介紹當地一六〇家適合一個人吃晚飯的地方，再怎麼怕一個人吃飯也很容易推門進去，甚至很多店家考慮到獨居的飲食生活會失衡，費心搭配大量蔬菜。不僅梅田，許多都會地區因為獨居者增加，因此都強調自己的餐飲店是一人晚飯或晚酌最前線。像是有很多可以輕鬆用牌子點菜的店，壽司使用的魚、貝種類都一一標明名稱及讀音，也有名牌，這樣沒人陪伴或指引也能吃壽司，甚至不需說一句話。或是許多餐廳指南還幫介紹的店家標明「一人難易度」，讓一人可以從「簡單一人入門」的店，逐步去挑戰需要一點心理準備的店——但其實全部都是歡迎一人用餐的店。

有些人吃完飯後想有個去處，但又不是真的寧靜到無人生息的地方，而是有安心感的寧靜，因此日本許多創業半世紀以上的老舖喫茶店，讓人可以邊喝咖啡或紅茶邊讀點書，許多一人指南還會推薦適合在一人吃飯或一人喝茶時閱讀的詩集，如谷川俊太郎的《二十億光年的孤獨》；或教人如何享受一人晚飯，如《貧乏savarin》（貧窮薩瓦倫蛋糕）散文集等。每個人都可以擁有一段疏遠已久的讀書時光。

在大阪的老街平野區，坐櫃台旁邊吃燒肉是很稀鬆日常的事，自己一個人坐在櫃檯前，對著自己專用的爐，依照自己的步調慢慢烤，店員在櫃台另一端說明肉的狀態，也可依客人需求馬上切肉出來，或幫忙看一下燒烤程度。想搭話的人就閒聊，不想搭話的人就默默品嚐。看店員切肉，就跟在壽司店看師傅切魚一樣，相當有臨場感，尤其能好好面對每一塊肉，留下記憶，不會跟大夥兒稀哩呼嚕就胡亂下肚。

由紀夫覺得，一個人吃晚飯的問題不大，一個人去喝酒比較痛苦。一是許多酒吧都被老顧客盤占，新人很難進去安心地喝酒，而且價碼也不清楚，不敢隨便闖入；其次是一個人喝無法喝醉，因為沒人送回家。但是這些問題最近也都解決了。許多酒吧現在為了爭取一人消費，採門戶開放制度，也就是從外面就可以看清楚裡面，而且酒價明朗化，除了在店外招牌寫清楚外，有的甚至把酒價分成一杯六八〇日圓、八八〇日圓、一〇八〇日圓三層的酒棚，每層都同樣價錢，這樣不熟悉酒或初次上門的客人也一目了然，店內也不會變成老顧客顯神氣的地方，永遠維持歡迎新人的氣氛。

此外，東京還出現許多「可泊居酒屋」，也就是在居酒屋的二樓或旁邊，有二、三個能讓一個人進去淋浴及躺下來睡覺的小小套房設備，這樣就算一個人喝得泥醉，也不必擔心沒人送回家，也滿足喝醉就想不顧一切當場爆睡的願望，而且只要在酒錢外多付個兩千日圓，比去膠囊旅館還便宜。當然，這樣的居酒屋，店主都有好好去取得民泊執照的。實在太理想了，不是獨居的人也會想利用呢！

一人吃喝，備受尊榮。

一人燒肉，幸福感洋溢

雖然以環保的觀點來說應該少吃點牛肉，不過吃牛肉總是讓人洋溢著幸福感，也會湧出明日的活力，因此去吃點好肉，成為對自己最佳的讚美與鼓舞！

日本現在到處都是一人燒肉專門店，即使有伴、有朋友同行也愛上這樣的方式，各自選自己喜愛的肉品與部位及調味方式，各自用各自的爐，烤出自己生熟軟硬最適中的肉出來，要捲蔬菜或如沾醬、灑鹽，吃法自由自在，也因此一人燒肉才會成為時代的新寵。

月子說：「對我們這些單身的來說，尤其是女人，以前燒肉無法一人自己去吃，如果跟男人吃，又被認為一定是上過床，還好最近這樣的看法稍微紓解，但還是沒辦法跟沒關係的男人一起去吃牛雜等燒烤內臟的荷爾蒙燒。一人燒肉專門店解決一切！」

藹子認為一人燒肉專門店不僅提供一人餐飲新境界，也改變大家吃燒肉的習慣。不會有女人故意在燒肉聚餐時拚命地表現賢淑，不會有人強迫別人依自己的喜好和吃法，也不會有人烤了一堆卻一直說不吃，枉費這些豬牛的犧牲。原本一人燒肉的最大缺點是肉品種類較少，而且調味、醃漬方式選擇也少，但是現在一人燒肉專門店有各種部位及不同調味方式的什錦搭配菜單，每種只吃兩片或一片，不會有欲求不滿的感覺。最佳的A5黑毛和牛、或是自己獨愛稀有部位的肉，價格都不便宜，如果自己點了好肉，就不想讓其他人打擾，所以燒肉一定要大家鬧哄哄吃的形象，早就已經被打破了！

如果是韓系燒肉店，會有許多內臟部位可吃，還能搭配正點的泡菜，最後有很棒的石鍋拌飯或韓國冷麵；純正日式燒肉則可以搭紅酒，總之愛怎麼吃就怎麼吃。一人燒肉專門店讓一個人也能點迷你碗的飯、麵，因為什麼都可以少量，甚至一片一片地點，所以什麼都能吃到，變化無窮。一人燒肉是至高無比的幸福！

貼心的店家特選不同部位的牛肉，讓一人
燒肉也能比較不同的口感與滋味。
（楊哲豪 攝）

掌握要訣，一人自炊無限好

許多獨居者愛上自炊，還把成果PO在SNS上讓朋友們流口水，其實也等於是報告一下自己過得不錯。自炊好處多多，喜歡的東西可以吃到飽，不必看小氣店家的眼色，像悠太朗自炊的契機，就是有次他好想吃蛋炒飯，但是餐館老闆炒的幾乎沒放蛋，讓他覺得自己下廚最好，愛放幾顆蛋都OK。自炊滿足度很高，而且還可以顧及健康，但自炊還是有許多要訣，才會做得愉快。

日本關於一人自炊的書籍很多，除了指導一個人如何烹調才省事外，也會提出一些勸告。悠太朗的自炊經驗豐富，他認為最基本的原則就是不要逞強，不想做的事就儘量減少，集中於自己想做的事，還有別自認是料理天才，初時還是虛心點好。

他勸告許多獨居的朋友，剛開始時乾脆買現成的白米飯，萬無一失，也不會煮一大鍋吃不完。他鼓勵大家從用微波爐做菜開始，現在這類食譜很多，然後才進入一鍋到底主義。他自己是平煎鍋一鍋主義，做湯、做菜、甚至蛋糕都用平煎鍋，覺得平煎鍋萬能；也有像由利則是土鍋（砂鍋）一鍋主義，她喜歡炊飯或湯菜、小火鍋等，只要有土鍋，就可以做出許多讓一人乃至多人吃的飯菜，她說：「土鍋是餐飲的原點，世界上沒有比土鍋更偉大的玩意了！」

最妙的是，悠太朗主張多用廚房剪刀，因為一個人的分量少，不用菜刀，用剪的更安全、順手。悠太朗或由利都認為，食材儘量買適量就好，或是做些常備菜來調整，這樣每次新買的食材種類可以少些。尤其一開始，跟市售的飯菜搭配就好，或是採用現成的醬汁、香料，不需要過度堅持全部都要自己手工。調味料買最小瓶的就好，早點用完就可以買新鮮的，很有成就感。

許多獨居者自炊都從燉羅宋湯或咖哩開始，但這些菜一做就一大鍋，吃好幾頓都吃不完，又不是像東野圭吾。我曾經去訪問他，他說在趕稿時都是燉一大鍋蔬菜咖哩吃好幾天，因為最不費腦筋，最省時、省力，但是普通人大概一下就膩了吧？如果不是很會做菜，還是儘量一次只做一人份，將剩菜殘羹拿去翻新的招數並非人人都擅長，而且再怎麼翻新都會覺得味道差不多。

悠太朗的心得還包括：每次做菜加入一點季節感，會覺得樂趣十足。像當季的馬鈴薯上市，他就做「新馬鈴薯拌鹽昆布美乃滋」，非常簡單，卻是絕品；或做當季的鰆魚蒸高麗菜等，記得隨時給自己倒杯啤酒獎勵！

悠太朗說，一人自炊的好處是不堅持一天要吃三餐，而且隨時可以自問自答想吃什麼，這也是理解自己、關心自己的重要手段。

時短美食，自炊更自由

許多獨居者不僅會做菜，而且想出的是適合生活以工作為重心的「時短美食」，在很短的時間內就能搞定，因此贏得許多也想省時、省事的家庭主婦的讚許，造福的對象不限於獨居族群。

這些時短美食，如當季的照燒魚，各自都有黃金比率的照燒醬，多少醬油、味醂，或加糖，或加清酒，煮時再加薑、蔥、蒜等，以及搭配蔬菜，就是最下飯的菜，又兼顧營養。許多獨居者把必用的薑汁磨好，分小包冷凍使用，有了薑汁包，無往不利。不僅如此，多煮的照燒魚，還可撕成小塊拌飯，做成加魚肉的飯糰，一煮數用。

寒冷的季節，到處都在賣一人鍋，不儘可以吃火鍋，也能煮炊飯，尤其用石鍋或陶鍋，還有點鍋巴，格外好吃。許多一人專用的炊飯食譜流行，只要有隻雞腿、一點排骨或是一塊鮭魚，或有些菇、筍等，都可以做成炊飯；沒有什麼大菜時，炒一下培根，放入生米，煮成熟飯後，再放入水芹菜等任何蔬菜，外加點胡椒等香料，就會變成絕品炊飯；許多人家裡隨時有海帶乾、蝦米、柴魚等，就不怕沒有好高湯做炊飯。

因為一個人吃飯，往往就是一個大碗或一個大麵碗。原本日本丼料理就是為了單身想省時所提供的，因此很適合一個人吃，花樣超多，單單日本料理雜誌《橘頁生活》網站就提供三百多種，每樣看起來都很可口。

悠太朗家裡隨時冷凍有兩百公克左右的五花肉切片包，以及上等的高湯包及味噌。五花肉入湯前用少許清酒去腥，然後加上時鮮蔬菜，如茄子、紅白蘿蔔、菜花、高麗菜，或再加上豆腐、豆腐皮、海帶苗，放在湯裡，最後才放入味噌，加上蔥、薑、蘘荷（茗荷）、水菜等香菜，就變成百吃不厭的絕品料理，又很下飯。一人下班回家，又懶得出去吃，常自己煮一小鍋五花肉鍋，就覺得非常滿足。五花肉被獨居者認為是萬用食材，可以拿來炒青椒、蒜苗、茄子、黃瓜等各種蔬菜，或是加蛋，炒菇類及蔥。

許多獨居者還有自己特調的萬能蔥醬、蒜醬，也就是把蔥、蒜剁碎，外加麻油及鹽、胡椒等調味，這樣煎魚塊後，就可添在上面當醬汁；或是吃任何小菜，如豆腐、青菜乃至拌麵，都可以跟柴魚一起加在上面。也有人拿美味的韓國泡菜當萬用醬，不僅炒飯、炒五花肉可以用，連做義大利麵，尤其是搭配味道强烈的鯖魚、秋刀魚等，比番茄更好用。

許多OL常上網PO出自己的一人時短美食，十分鐘之內就能做出來，真的是超級快餐。這些快餐，大多是活用自己做好的常備菜，如碎肉醬、雞絲、醬牛肉等，加上番茄、黃瓜、酪梨等蔬果，或是水煮豆芽、菠菜等，就可以拌飯、拌麵；追求豪華的話，再煎顆蛋，或加點魚子、山芋、海苔、芝麻等。也有人在厚吐司上放菇類，如木耳或蓮藕等不生水的蔬菜，上面加培根、鯷魚醬、罐頭鮪魚或罐頭鯖魚，最後撒點起司一烤，就成了豐盛一餐！

這些時短美食，不僅方便一人享用，聚餐時，也還能端得出去。許多人因此發現自己手藝不錯，更有自信一個人活下去，甚至不必煩惱老後第二春的工作與收入問題。

一人罐頭食堂，不出門也享受美味

現在為了防疫，隨時擔心行動受限，因此大家儲備了相當多的食物，尤其是罐頭。但許多人在家吃了冷藏、冷凍食品後，面對一堆罐頭發愁，實在不知如何是好。不過，日本許多獨居者，早就習慣用這種儲備食物做出自己喜愛的下酒菜、料理或是炊飯、一人火鍋等，非常高明地活用罐頭，此時反而成了大家的導師。也有人因為太喜愛罐頭料理，也因此開起罐頭吧，寫起罐頭食譜，許多男人因為這樣變得很吃得開，讓人以為是神主廚，甚至很多人還去各地旅行時，拚命搜尋當地特有的罐頭來品嚐。

二〇〇七年，日本就有過罐頭料理熱潮，當時是因為禽流感，許多人擔心會傳染給人，政府也鼓勵減少外出。其中最受矚目的是水果罐頭，許多珍奇又美味的水果甜點罐頭嶄露頭角。二〇一一年三一一東日本大震災後，也掀起罐頭料理熱潮。而且，日本的罐頭食品不斷升級，高級化的料理罐頭或酒餚罐頭很多，以前一個一百日圓左右的罐頭，現在很多平均五百日圓起跳的高級罐頭。我也不時買來，在下面鋪點蔬菜，一起加熱，就成了名店會有的味道，非常美味。

日本最高級的罐頭是「特選鱈場蟹腳肉詰」，一個高達一萬七千日圓，而且還是長年熱賣的罐頭，裡面是蟹腳最佳的部位，有六支長約七公分、寬約四公分的美麗的蟹腳肉。據吃過的朋友表示，類似烤蟹的味道，纖維軟硬適中，滿口純正蟹汁的甜美，才會有人願意花比上餐廳吃螃蟹套餐更貴的錢來買！其他還有很多極品罐頭，也都是一個一萬日圓左右，像是三重縣產鮑魚罐頭或是北海道利尻島產的海膽（雲丹）罐頭等，都被當成人間極品對待。

許多獨居者最常備的還是料理用的罐頭，尤其是鯖魚、鮪魚、沙丁魚或干貝、小蟹肉等，以及可以搭配當蔬菜的番茄、玉米等。魚類罐頭因為做菜非常省事，不必挑骨頭，骨頭燉煮到也可以吃，補充鈣質，許多名牌的鯖魚罐頭搶手到常常缺貨，原本鯖魚罐頭是日本廉價罐頭的代稱，但是現在也成了大家最愛的寶貝萬用罐頭，單單鯖魚罐頭的食譜書就有一堆，也因此單身的繭子一聽到東京有可能封城，就馬

超市裡各種琳瑯滿目的烹飪罐頭，打開後
加點小黃瓜或芹菜、洋蔥後，微波一下，
就是很棒的料理。

上去買了一大堆鯖魚罐頭！

繭子原本就常用鯖魚罐頭做一人鍋，用味噌鯖魚罐加上韓國泡菜及白菜、豆腐，就可以煮出很棒的豆腐鍋；或是用水煮鯖魚罐，把鯖魚裹點太白粉，跟番茄炒一下，顏色美麗，可口又健康滿點；她也愛用味噌鯖魚罐做麻婆豆腐，魚香撲鼻，或許這才是麻婆豆腐的原點呢！許多原本不愛吃鯖魚的人，也都因為鯖魚罐頭而愛上鯖魚。

典子則愛用罐頭做各種炊飯，像是用旅行買回來的牡蠣罐、鮟鱇肝罐，加上胡蘿蔔、筍片、豆皮、以及薑絲或薑汁，就可以做出絕品炊飯。她也愛用牛肉罐或醃製牛肉罐，做燉煮馬鈴薯或是高麗菜捲等料理。典子說：「一個人，原本食材或調味料用得就少，因此罐頭最好，否則要燉牛肉很麻煩！」

我自己平時愛用干貝罐頭或鮪魚罐頭來做蘿蔔沙拉；沒有蘿蔔時，用水煮筍或比較耐久的胡蘿蔔、洋蔥、真空包的山藥也OK。這些罐頭都很適合做炒飯、蛋捲。許多酒餚罐頭更是已經調味過，如燒雞等，只要加點耐煮的高麗菜或茄子等，就會是很美味的料理！

日本還流行許多義大利、西班牙口味的海鮮酒餚罐頭，只要再鋪些蔥薑或卡櫛瓜（西葫蘆，zucchini）小黃瓜或生菜等，就變成高級料理。倒上一杯紅酒，美味的一人罐頭食堂隨時都能營業，讓人忘記疫情的煩悶。

穿著講究，唯我獨尊

如果是有家庭的人，常常最後打扮都是將就將就，而且在家裡或兩人相處、外出，都是穿自己覺得最舒適，甚至是最破爛的衣服，因此相看兩厭。相對於此，獨居者反而一點也不馬虎，穿什麼都很講究。月子說：「每天出門，因為沒人提醒我，如果自己再不注意的話，就會越來越不堪。而且我的每一天都很重要呀！不想隨便將就地過。打扮是理解衣服，也是理解自己，每件衣服都有愛上的理由。」

我曾去日本國產牛仔褲聖地的岡山兒島，逛了半天，只買牛仔布袋回來，被月子和繭子說是入寶山卻空手而回。許多好萊塢明星花數千美元都想訂製兒島牛仔褲，她們兩人也早就是兒島幾個固定品牌、如正藍屋和 SAIO 的粉絲，也買它們家的藍染襯衫。有朋友平時就只穿桃太郎的牛仔褲，怪不得每個人平時聚會看起來都是有型的雅痞。

譬如月子，只穿藏青色或黑色的細身兒島牛仔褲，她說：「價格雖然不便宜，但是可以穿很久！」月子一直是我的偶像，像她這樣的極品一人永遠有適合穿的一件，而我總是隨手抓一件，需要正裝的場合卻又永遠缺一件。

另外，像是悠太朗，一定是穿潔淨且非常優質的貼身綿質白襯衫，是在鐮倉一家名店大量訂製的，不同織紋的白，不論穿西裝或穿牛仔褲都可以。他會堅持穿白襯衫，理由是「我不想讓人覺得我是邋遢男人，最能展現不邋遢的，就是把白色變成自己的顏色！」人氣搖滾樂組合 ELEPHANT KASHIMASHI 的主唱宮本浩次也是愛穿白襯衫的人，他讓悠太朗覺得自己做對了，白襯衫主義是值得堅持的，因為不論幾歲都顯得優雅而瀟灑。

有像悠太朗這樣的白襯衫主義，也有像知彥這樣模仿偶像井上陽水穿黑底白點襯衫的男人，還燙了個蓬鬆頭。不過結婚之後，他常隨便穿妻子在大拍賣買來的襯衫，而且也覺得照顧頭髮不如陪兒女玩，他的黑底白點襯衫主義很快就失敗了。所以，一個人才更能堅持自己對服裝的愛好。

每個人都有各自喜愛的服飾品牌或習慣買的花樣、格式，但比較澈底去追求穿著藝術的往往是獨身貴族，而且不只是追著牌子跑，還會深入探討喜愛的品牌精神，穿出自己的個性與架式，很自然地藉由服裝展現自己的人生哲學，真的令人羨慕之至。

大居家時代，要有好東西相伴

因為冠狀病毒，整個時代氛圍又逐漸重視起居家生活，變成「大居家時代」，許多喜歡一人在家的單身者發現，珍惜獨處時間、注重居家生活的自己是走在時代尖端。

五十歲的啓樹自五年前起，開始有點厭倦跟別人廝混的日子，想安定下來，做點自己想做的事，因此買了一棟廉價的獨棟老房子。因為覺得能夠持久使用的好東西會讓自己有歸屬感，因此餐具、桌椅等都一件一件慢慢買，以「生涯能用」為基準，且要符合自己的美感要求。因為這些執著與講究，讓他的居家生活突然變得美妙無比。

他覺得自己用的碗筷有限，因此只買石川縣輪島、專門製作木器、漆器的「桐本（木工所）」名家設計產品，這是有兩百年以上歷史的桐本家職人做出來的，雖然一個漆器木碗可能就是兩萬日圓，但他覺得每一分鐘用起來都很舒適，而且感受到設計者的巧心與手工溫度，非常值得；像是陶器則愛用軟陶萩燒的名家作品，因為是低溫陶，越用越有味道。如果到他家，他會一一解說選用每樣用品的道理，每一件他都花費相當時間去研究，不隨便讓一件物品進家門，這樣才能維持家裡的整潔與舒適，以及優質的統一感。

他家椅子只有兩把，一把是二十世紀最具代表性的家具設計師中島喬治在高松櫻製作所推出的椅子，中島的桌椅被認為彷彿將木材的生命賦予形狀，深受世人所愛。雖然是等了三個月才送來的椅子，雖然價格驚人，但曲線、美感看了就知道是可以傳到後世的好東西。另一張椅子是松本民藝家具名人的作品，也是藝術感十足而且坐起來有滿足感的椅子。啓樹認為，椅子比床更是人生伴侶！

他很得意的還有浴室腳墊，是用了美乃滋廠商提供的蛋殼加上陶土燒出的美濃燒磁磚腳踏墊，因為美乃滋廠商一年就用掉四十二億顆雞蛋，多孔質的蛋殼用來改良土壤，拿來當浴室腳踏墊更是近年日本的一大創作，可發揮吸收溼氣及臭氣等功效，設計也有藝術感，因此每天都很開心地踩在上面。

不僅如此，啓樹對於日常消耗品也很講究，文具、紙張等不説，連吃飯時也在桌子鋪上特別從島根縣出雲買的斐伊川和紙當做桌布，即使撒了湯水也能擦，而且快乾，重要的是顏色很美，就算沾點醬油，反而增加和紙桌布的味道，不需要洗，只要曬乾就好。

因為用好東西，他開始欣賞生活痕跡帶來的變化。生活是人為的，卻也是自然的。如果自己跟以前一樣用可以隨便丟棄的塑膠製品的話，居家生活就變得毫無質感可言。

因此啓樹不斷奉勸許多朋友，趁著傳染病尚未平息之前，把家裡不需要的東西淘汰，逐漸換成長時間居家也有幸福感、充實感的模樣，自然就會減少外出。這也是轉換人生價值觀的時期，趁機改變自己過去大量消費、浪費的作法，儘管一個人住很容易做到，但我也深受感化，今後要努力變成跟啓樹一樣不隨便讓東西進門的人！

掌握要領，獨居空間更舒適

最後一集收視率高達19%的日劇《我的家政夫渚先生》蔚為話題，除了女主角引起共鳴外，很多獨居女子也覺得自己需要一個家政夫。像月子收入不錯，她的口頭禪就是「想娶個會做家事的男人！」看來這樣的夢想男女都一樣吧？

如同戲中女主角的房間一樣，有四成的二十、三十歲女性自認自己的住處髒亂不勘，很希望有人幫忙打掃；反而是許多獨居男人跟想像的大不同，房間整理得非常乾淨，整潔有序，這或許是因為許多獨居男人比較執著，而且物質占有欲沒那麼強，常常還是極簡主義者，因此房間維持得非常寬闊、舒適。

我看過最整潔的一人房間是大輔的住處，他四十五歲，曾結過一次婚，因為性格不合很快就離婚，現在想起來當時兩人都沒有覺悟要跟別人同居，因此一下就吵翻了。大輔的房間因為整潔，讓他看起很年輕，似乎比實際年紀少十歲，讓他覺得自己比離婚前更好。以前租的房子雖然比較大，但是自己的東西全部堆在書房，雜亂無章。想起來，許多男人覺得婚姻像坐牢，是因為除了書房之外的空間都是妻子在使用，有的男人甚至連書房都沒有！

當初他積極整理房間的原因，除了換環境想過新生活外，主要動力是擔心太髒亂，沒有女人會看上他；但幾年下來，他也不需要這樣的動力了，自然就很整潔！大輔設計一個不會搞亂房間的基本架構：首先，不設置垃圾箱，而在廚房設了垃圾架，掛了不用的袋子當垃圾袋，全部集中在一個地方，這樣垃圾不會分散，自己製造的垃圾量隨時看得見，也不會忘記倒垃圾，可以回收的就擺在旁邊的大布袋。當倒垃圾變成習慣，房間很自然地不會髒亂！廚房水槽或浴室不擺設多餘的各種架子，用途不大，反而製造汙穢以及必須打掃的死角。

女人房間容易髒亂的主因是服飾過多，占用很多空間，男人如大輔也很重視外表，他的服飾也不少，但是最後都讓二手業者來收購，這是他第二個要領。處分服飾最大的猶豫是「或許還可能穿得到」，大輔的原則是，鞋子一年沒穿就丟掉，衣服三年沒穿就丟掉，大致依照這個原則，這幾年下來從沒有後悔過。雖然日本有許多教人斷捨離的原則，譬如「摸到這件東西會不會心動」，但有時自己的心思很難搞懂，太抽象反而造成妨礙，降低行動力。

大輔的第三個要領是儘量不買箱子、櫃子，東西全收在壁櫥裡（日本房子很多都有可以放棉被以及換季衣服的壁櫥），那樣房子看起來很清爽，因為裝進箱子、櫃子的東西往往也不會使用，等於跟自己搶生活空間。他覺得自己不算非常費心整理，但最大的原則就是「看得見的地方儘量少擺設箱櫃或棚架」，自然不會堆擺東西。雖然每個人的生活模式不同，整理房間沒有正解，但是他靠這三個要領，的確整理出令人激賞的舒適空間。當然，大輔沒有愛購物或愛囤積的兩大毛病也是原因吧？

一個人田舍移住，建造自己的家

一個人最大的樂趣之一，就是擁有一個自己獨立的空間。即使在「不動産」早已暴跌成「負動産」的日本，因為擔心老後沒有保證人或年紀過大，許多房東不願意出租，自己擁有房子，比較容易安身立命，所以現在流行自己去找非常便宜的地，以個人的角度可以不考慮學區等因素，找到自己最愛的新天地來開拓，然後慢慢打造成一個人可以永遠居住的房子。

日本許多營建業者表示，現在來商量蓋房子的人兩成以上都是一個人。我認識的高野工務店的社長也說，有位四十幾歲的單身OL用存款買了十五坪的地，想蓋兩層樓洋房，一樓假日當書法教室，二樓當住家。她有相當程度的書法造詣，現在也在市公所開設的書法教室教課，因為只有一個人住，房子不需要很大，而且玄關附近還能種點花草。

「蓋房子＝兩人結婚成家」的概念已經太老舊，蓋房子不再是夫妻才能做的事，現在也有很多集合幾位單身者一起蓋共生、同居房子的「永遠の栖（sumika，住處、棲息之處）」，同居有照應，但又有獨立的個房。

人原本就是一個人生、一個人死，人不只需要可以遮風避雨的住處，還必須是可以從社會脫出、真正安心，成為個人場所的地方。現代人外食很便利，吃的部分容易解決，但睡覺的地方卻是無可取代。蓋房子或買房子來裝修都需要很大一筆錢以及決心，亦是新人生的展開，特別是許多跟配偶離異或死別的人，重新蓋房或修房更是人生的新契機。

最近很流行的是「一個人田舍移住」，亦即搬家搬到鄉下去，尤其現在是網路時代，許多人的工作只要有網路就能接單、交貨，搬到鄉下去，居住空間可以大很多，因此很多人開始嘗試不同的副業。像是好友柚月就在三年前搬到信州（長野）的一處古民家，除了接些來自東京的網頁設計工作外，也開起麵包工坊來，做得有點口碑，到附近觀光的人也都會來買。她說附近有許多田地可以近乎免費地借來耕種，她打算種些自己做麵包可用的材料或蔬果。

或是像恭吾，十年前搬到他原本連地名都沒聽過的一個兵庫縣小鄉村，正好位在瀨戶內海與日本海之間。他的工作是在教育團體裡企劃如何教導兒童「生命之重要」，尤其是「動物生命的認識」的教育，收入不多，所以其他時間接了插圖等工作來補足。他接受鄉下的町公所（自治體政府）的委託，因此可以提供古宅讓他免費居住，初時只有一半的時間到當地去，後來留在當地的時間變多，於是六年前開始定居當地，自己找了其他的古民家，幾乎不花錢，慢慢改造成自己喜愛的房子，這也是他清閒時的最大樂趣。

現在，因為他對當地有充分認識，町公所又拜託他介紹想移居的人，正式成了移居顧問，他也把當地觀光美景、美食向外宣傳，變成「觀光顧問」。兩年前，他將自己家的一處改修為「古民家畫廊與雜貨」，賣些當地人的作品及土產，也定期舉行音樂會、餐會。他的人生因為移居鄉下而大改觀，因為是一個人，才能如此輕鬆尋找、開拓新天地！

一個人才能當快樂搬家狂

雖然一個人能找個長居久安的地方住很好，不過也有人喜歡不斷搬家。日本最有名的例子就是現在夯遍世界的浮世繪畫家葛飾北齋（一七六〇～一八四九年），他在一九九八年被《LIFE》雜誌選為「一千年來世界最偉大的一百人」之一，是其中唯一的日本人。他最奇特的是搬家九十三次，能隨意搬家也是造就他的藝術功績的原因。

北齋留下三萬多件作品，像是代表作《富嶽三十六景》《北齋漫畫》，還帶給歐洲印象派大師梵谷很大影響。他是日本浮世繪風景畫的始祖，除了富士山系列，還有日本全國名所、名橋、名瀑布等系列。他不僅筆名（日本畫家稱為「雅號」）換了三十幾次，也是屬一屬二的搬家狂，日文稱為「搬家魔」。為了創作需要而不斷搬家，讓他不斷就近觀察，畫出許多別人未曾畫過的畫。他雖然結過婚，很晚年時有段時間跟女兒一起住，但一輩子幾乎都是獨居一人，因此才能帶著畫具四處搬家。搬家跟他的創作靈感以及長壽，大概是互為因果的。

大抵來說，許多做創意工作的人，除了畫家外，作家也超愛搬家。像是寫《細雪》的谷崎潤一郎也搬家四十次以上；日本第一代的推理作家協會理事長江戶川亂步活了七十歲，搬了四十六次。其實西方也有一些創作者很愛搬家，像是音樂家貝多芬，才活五十六歲，搬了七十九次，他有點龜毛又有疑心病，擔心自己作品被偷，常跟鄰居發生糾紛，而且他愛搬家的理由之一是「不愛打掃」，這點跟北齋一樣，因為丟了一房間的廢棄畫稿或樂譜，然後就以搬家來解決打掃問題。或許以前的時代才允許這些創作者這樣的任性吧！現在搬家前不打掃乾淨，還可能會吃上官司或需支付高額清掃費。

一般日本人大多一生搬家四～六次，在日本租房每兩年必須更新租約一次，也要另外繳一筆錢，不少人乾脆就搬家。日本人目前平均壽命八十幾歲，很多人一生搬了三十、四十次家，大部分是獨居者。現在年輕人更是簡單主義者居多，生活道具都減少到最低限度，因此是隨時可以搬家的狀態。

好友真一就是如此。現在日本因為空屋多，甚至許多地方政府希望年輕人移居，只要年紀在四十歲以下，不付房租也能住到不錯的獨棟老洋房，因此真一不斷搬家。搬家帶給他刺激，每到一處就開始認識新環境，永遠處於亢奮狀態，還激發許多靈感，對工作有益。而且鄉下步調很緩慢，只要電腦關了機，就宛如在度假，生活費也很低，但滿足感很高，因此還存了很多錢，讓他覺得搬家既奢侈又很划算。

原本只是電腦軟體設計師的真一，因為住過不同地方，現在還多了一個地方振興諮詢家的頭銜，接受許多鄉鎮公所的委託，提出各種振興方案，或是幫忙建立觀光網站。他覺得，像江戶川亂步因為有了妻兒，後來才停止搬家，而且囤積的書籍太多，搬不動了。因為獨居才能當搬家狂，讓他不斷邂逅許多新地方、新事物，做了超乎自己想像的工作，人生充實無比！

二據點生活，雙重感受

一人家庭卻過雙重生活？這是時下日本最流行的「二據點生活」，也就是一個人卻有兩個窩，不僅單身者如此，已婚者也可以。有的人是工作室與住家分開，有的人是城市的家跟鄉下的家分開，也有的人週末與平日住不同地方。乍看好像是有奢侈的本家與別墅，其實生活費不會變高，還可能變成未來第二人生移居前的準備，尤其單身的人因為考慮與準備工作較簡單，一旦嘗到其中美味，就很難放棄了！

「二據點生活」大流行的原因，不是因為有錢人才做得到，只要自己還有點體力，許多地方鄉鎮政府或民間都非常歡迎，甚至免費提供土地或老舊住家。即使想買，也很容易找到土地、房子，手續費只要台幣一百萬元以下的非常多。比較重要的是，自己是否真的能融入當地生活，是否真的喜歡當地的環境與人，是否真的能慢慢地在當地過日子。

像誠二郎，他在東京工作，覺得自己每天往返公司到住宅的模式，有快要窒息的感覺，因此他週末搭電車四處遊覽，沒有一定的目標。有次到山梨的一個鄉鎮，因為山梨是日本全國空屋率第一的縣，不論政府或民間都很鼓勵外縣市人週末到山梨度假或生活，事實上離東京也不那麼遠，從新宿到山梨甲府只要一個半小時而已。他很快就找到一處幾乎不花錢的美麗古民家，花了兩年多時間，每個週末來裝修，在當地人的協助下，現在不但變成可以招待朋友去玩的房子，而且山梨又是日本最早的紅酒發祥地，日本有二成紅酒都是山梨產，對咖啡、紅酒和甜點有研究的他，在空閒時不斷作酒莊巡禮，非常開心。

他還打算開週末的 Café 兼紅酒吧，附近的歐巴桑們也很樂意幫忙做餐點，眼看真的可以過有副業的雙重生活。如果一切順利，他還打算提前退休，到這裡開啟第二人生。他在東京改租較小的房間，許多家具及自己喜愛的蒐藏就搬到鄉下的家，因為自己還擁有另一重生活，比較有自信，受到的刺激也比較多，原本的工作變得更順利。因為「二據點生活」，他覺得人生有進階的感覺，自己從鄉下那些高齡又熱心的鄰居們身上學到很多，也懂得如何包容別人，而且對未來也比較不會不安。

因為鄉下人口過少的問題，日本不論中央或地方都非常鼓勵「二據點生活」，提供資訊的網站也越來越齊全。其實不僅獨居者，已婚者也很適合「二據點生活」，很多人週末跟家人小別到鄉下過獨居生活，好處是可以「滿喫（充分享受）自己的興趣」「滿喫大自然，健康療癒」「住到高齡父母的附近」「鄉下環境很適合養育子女」「未來移居的試驗」「在地方創業成本較低，而且對地方有貢獻」「擔心自然災害，增加生活據點才安全安心」。

不僅男性，許多獨居女性也開始「二據點生活」，在鄉下開設自己的工作室。過「二據點生活」的人，過半持有資金三百萬日圓以下，而且三分之一的人只有一百萬日圓以下，主要都是住宅費。雖然我有許多朋友都是找了獨棟房子，但統計上大抵還是先租鄉下或近郊的公寓，其次才是租借或買下中古空屋，邊住邊改修，因此不是有錢人也可以開始。甚至有人不僅只是「二據點生活」，還有「多據點生活」，因此有好幾重的人生。但是，如果據點太多，可能造成另類疲累，「二據點生活」比較容易生根過日子吧？

懂得Reset才能做大事

許多單身朋友常說，一個人萬事逍遙自在，但最怕自己身心狀況不好而不自覺。即使身體已經發出各種訊號，一個人生活沒人提醒，很容易被忽視，因此必須隨時留意身心平衡，不要硬撐，否則可能出大問題或釀成大病。

如果我覺得做事效率不好了，頭有點沉重，肩膀開始痠，對周邊事物的注意力範圍越來越狹窄，尤其覺得眼前的事做得有點煩了，就會換別的事來做或出門逛一下，拍攝「本日的花散步」——也就是附近鄰居或公園的花草及季節變幻。後來聽腦科醫生朋友說：「太正確了，做一件事覺得厭煩了，就是腦疲勞的警訊。最好紓解一下！Reset一下！」

Reset就是至今進行的事全部叫停，走路、站立、做操、喝水等都是有效Reset

的方法，怪不得有位朋友的大頭貼多少年來都是她自製的「再忙也要喝杯咖啡」。我也是集中精力時間有限的爆發型工作者，只好不斷Reset，一天要Reset無數次，否則一定寫不出像樣的文章，也做不好事。就像開車的人覺得累了，腦子有點茫然，一定要趕快休息，否則會出大事。

改善疲勞有三大方法。一是優質的睡眠；二是吃抗勞食物，如雞胸肉、洄游魚類（如鮪魚）的尾部肉、檸檬、醃漬梅子、黑醋等；三則是到有「搖曳」「起伏」的自然環境。

像是可以聽到鳥鳴、松濤、清風、瀑布聲、潺潺流水聲的森林或海邊，有點小變化的溫度與溼度，Reset效果超強，這也是為何最近幾年「一人露營」超級流行的原因，不必跟任何人約定，自己去有山有水的地方Reset。或是在家裡製造些自然、搖曳、起伏，像是多放觀葉植物，或像日本有販售能重現信州蓼科高原清風的電扇，也有製造光線變化、外加鳥鳴及森林香氣的自然搖曳系統等。藺子不想那麼麻煩，就多種不費事的仙人掌，隨心情更換香草及薰香香料，或放點自然情境音樂等，也會覺得自己到了遙遠的戶外Reset！

三大方法中，最重要的還是優質睡眠。日本稱力求改善睡眠品質的活動為「眠活」，要追求快眠而眠活才能快活，有好的睡眠才能讓自律神經中樞休息，停止氧化，但重要的不是睡眠時間，而是醒來時覺得爽快。

要獲得優質睡眠的鐵則，一般認為要有規律的生活，在固定時間睡覺比較容易入睡，但現代人過的是二十四小時無晝夜生活，因此對每個人都適用的快眠原則是「最想睡的時候睡」，人大抵在醒來後的十四～十六小時是最想睡的時候，「最想睡的時候睡」也是我這輩子奉行的最高原則，這也是自由業的優點，因為不上班，作息不正常也沒人管。反過來說「不想睡的時候不必勉強睡」，也才不會為了睡覺神經兮兮，反而更睡不著。

一般而言，睡前要迴避強光、強刺激（咖啡因、動畫影片等），但也因人而異。要獲得快眠還有許多技巧，像是起床就拉開窗簾、曬點太陽、規則性散步或跑步等輕度運動、半身浴、就寢前三小時吃完晚飯。打鼾也是造成慢性疲勞的原因，戴腰包側躺或擁著抱枕睡也很不錯。午睡不要太長，只是閉眼放空腦子程度就可以。

腦休才不會惱羞

再怎麼休息還是很累的感覺，那就是腦疲勞。腦沒休息，也就是無「腦休」，很容易心浮氣躁，萬事氣急敗壞，容易惱羞成怒。尤其是獨居的一個人，沒人提醒，很容易錯過讓腦子休息的機會，讓疲勞不斷累積，結果很容易出現各種扭曲，格外要注意別變成怪叔叔、怪阿姨。有疲勞就要當天清算，採取「一日決算主義」！

日本有為了維護肝臟健康的不喝酒的「休肝日」，最近也開始認為「腦休」很重要，因此應該要有「休腦日」。有休腦日，才能讓自己的腦內垃圾出清，讓人生煥然一新。

雖然腦不過占體重的2%，卻會耗費身體所需的20%的能量，也因此有時雖然身體動都不動，但過度動腦之後也會有飢餓感。近年關於腦神經的研究發現DMN

（DefaultModeNetwork，預設模式網），也就是人在朦朧、放空、沒有任何任務時就會自然啟動的一套網路，讓人回憶過去或預想未來，也因此DMN與創作是很有關係的，DMN看似沒用，其實耗費人最多的能量，如果DMN過度活躍，會讓人「想過頭」，覺得很疲倦。

這種疲倦甚至遠超過肉體上的疲倦，也就是典型的腦疲勞，因此許多專家建議用冥想讓腦獲得真正的休息，像是坐端正，意識到自己的身體，尤其是呼吸，從鼻子吸氣，然後從胸再到腹部上下，留意在快要斷氣時是如何呼吸的，也去感覺吸氣與吐氣時的溫差，不需要特別深呼吸，只要一天自然呼吸十分鐘．就會排除工作以及日常生活的雜念，不依賴藥物，也能自然的讓心情平靜，而且腦部進入全面休息狀態。

冥想的方式非常多，主要是讓自己的意識只專注一件事，只關切當下、眼前，就不會讓DMN過度活躍，說穿了，就是不要鑽牛角尖——這是獨居者最容易陷入的情境。如果一個事物或名字在腦中盤旋太久，趕緊貼上垃圾的標籤丟掉，不要去區分善惡，也不要探索來龍去脈，不必今天幫明天煩惱。我的座右銘是小田和正〈愛的力量〉裡的一句歌詞：「明天的眼淚，明天再流吧！」很多人之所以反覆地想，是因為自己內心深層的願望沒獲得滿足，但不要耗費大腦莫大的能量在牛角尖裡，這樣腦疲勞逐漸累積，又會陷入睡眠品質不好的惡性循環。

優質的睡眠最能讓腦休息，睡覺時把注意力放在自己身體跟床面的接觸，以及自己的胸部、腹部因為呼吸而起伏。從左腳尖開始掃描全身，吸氣時彷彿是從鼻子朝左腳腳尖去；吐氣時則彷彿是腳尖的空氣從鼻子呼出去的感覺，左邊掃描完，再從右邊掃描，會日日好眠的。

花錢出門旅行，或一年給自己五天「更新（refresh）人生的完全休息日」也很好；或是一個月有一天是「不做任何事之日」；或是給自己一天「野性之日」，去發洩自己的生理欲求或物質慾望；或是「為了更新人生的五天企畫之日」；也可以給自己一天跟朋友進餐、聊天的「確認跟他人聯繫之日」。有一些小小玩耍任務時，反任務的DMN就不會過度活躍，一個人也比較不會鑽牛角尖了。

一定要讓腦多多休息，才會有舒適而燦爛的人生。

一人極樂

一個人時光更精彩。

雙11萬歲，單身購物日也是「一人旅之日」

現在十一月十一日成了每年網購世界最重要的日子。因為單身人口越來越多，不只各國這天的網購金額不斷年年創新高，日本還開始提倡十一月十一日是「一人旅之日」，除了購物之外，還有更多事可做，尤其秋天是旅遊的最佳季節，許多旅行社因為團體旅行退燒，開始策劃「一人旅」，專門讓一個人參加。許多有伴侶的人也很喜愛一人旅。

一人旅的優點是可以擺脫多餘的雜音與意見來旅行，而且因為孤獨，會很積極跟當地人説話，而不自我設限在朋友的小圈圈裡，也才會發現原來天下還有這樣的想法與現象，培養了見怪不怪的寬闊心胸。因為在當地遇上許多麻煩，不得不打破自己的殼巢去依賴人，也會更理解當地人的生活與習慣。一旦體會到只有自己的話什麼事都做不到，獲得日常沒有的「絕望」體驗，才不會誤以為天下什麼事都能解決，以後遇到做不來的事，也比較會坦誠地拜託他人。

雖然自由行非常熱門，網路訂房、訂票都很便利，但許多地方如果不是參加旅行團，則很不容易去；或是自由行的話，費用會變得很高；或是有專業導遊嚮導比較好，比較容易取得門票。如果住宿等都安排好，也很輕鬆，不會有吃大虧或撲空等挫折出現。因此，不少長年自由行的單身朋友認為，如果有專為一人設計的團體旅行，真的會很想參加。

這樣的一人旅有三層意義。一是雖然兩人結伴出遊者居多，但也歡迎一人參加，如果不是團體旅行，日本有許多傳統旅館還不肯接受一人一房。

第二層意義是，注重一人旅的旅行社，長年以來努力讓即使一人一房也不加價，客人不會因為是一人參加，卻覺得比較貴、比較吃虧，也因為一人參加團體旅遊的例子增加，願意善待「一人樣」的旅館、設施越來越多，開發這類旅遊商品的阻力越來越小。

第三層意義則是，一人不但可以參加不加價的團體旅行，而且所有參加成員也都是一個人，不會只有自己落單的感覺，平等感很強。最有意思的是，「一人旅」但卻又不是一個人，成為一種新型態的旅行方式。

許多自由行得親自安排交通、住宿等細節，費時費力。如果要找親友一起旅行，則無法單獨決定預算或目的地，最吃力的是還要配合別人選定的時間，調整半天，可能又因為誰出狀況而無法成行。因此，這類一人限定的團體旅行能一口氣解決所有的煩惱。

尤其許多女人雖然想去一些祕境、離島，但有安全上的顧慮，如果參加一人專用的團體旅行就安心多了。這類一人專用的團體旅行，雖有男女混合參加的，也有僅限女性參加的，旅途中可以不在乎異性的眼光，更重要的是，許多主題是女人比較感興趣的，尤其是花之旅、能量景點之旅、音樂之旅、高級溫泉旅館之旅等。

這類僅限一人參加的團體旅行，可以說是兼具個人旅行與團體旅行的好處。像「旅遊俱樂部」這家旅行社，從二〇〇九年開始推出行程，第一年只有兩千人參加，但是到了二〇一七年就高達五萬二千人，而且與年俱增。參加者不少是年過五十歲的單身男女，男女比是3：7，顯示女性對於參加一人專用的團體旅行非常積極，而且還很喜歡把自己旅行的照片或影片PO到SNS上去，跟周遭朋友分享自己的體驗，這樣也不會覺得只有一人參加而有點遺憾了。

因為參加者全是處境、心境相近的「一個人」，或許因為一起在異地旅行，而發現跟自己無所不談的人，這樣的一人旅充滿無限可能性，跟硬是找朋友一起去參加普通的團體旅行相比，情趣完全不同！

一人旅的新生活時代

原本一人旅在現代社會就已經是非常夯的流行，當各國新型冠狀病毒疫情方興未艾，無症狀者四處趴趴走時，最擔心的還是接觸感染，因此一人旅越來越有人氣。團體成群容易互相傳染，而且大家興致高昂，口沫橫飛，惹他人討厭，對於接待的飯店或民宿而言，也相當有威脅性。安靜的一個人現在最受歡迎，自己隨時消毒，投宿或外食時減少觸碰，很容易維持安全的防疫新生活。台灣如果慢慢解除鎖國狀態，新生活的感覺會更強烈，也會痛感一人旅的珍貴與重要！

像智幸最近跟同事去福岡出差，必須搭很久的新幹線，本來就有點毛毛的，更麻煩的是同行的同事雖然是好朋友，但完全沒有防疫意識，不太愛戴口罩不說，到當地還不婉拒招待，跑去酒吧等夜世界遊玩，讓他整晚都很提心吊膽。要是一個人來福岡，還能辦完公事後自己散散步認識福岡，不會如此痛苦，更加體會到一人旅原來如此美妙。

防疫新生活時代流行的一人旅是搭觀光列車，因為這類觀光列車人數不多，能開車窗的列車居多，不會有密集、密閉或密切接觸等三密問題。車上可以享受許多非日常的當地美食，餐具也都是精選的，甚至還有現場演奏等，像「九州七星號」重現百年前明治時代的豪華列車，古典氣氛滿點；其他類似著名的觀光列車也越來越多，在遵守新生活原則或修改路線下恢復營業，如雪月花、西方快車銀河、微笑列車EMI、志國土佐時代黎明物語、皇家快車等。讓人覺得進入時光隧道，抑或體驗一次截然不同的地方物語。

在禁止跨縣移動的時候，有許多愛旅行的人在東京展開「吃垮東京一人旅」，因為平時不會在自己居住的城市旅行，現在反而有機會認識自己的家鄉或第二故鄉。像是有人趁機去物價超便宜的東京十条銀座，炸薯餅只要三十日圓、一大串烤雞肉六十日圓、現炸雞肉丸子十日圓，邊買邊走邊吃，再來碗拉麵劃下句點。喝咖啡休息一個小時半，前往另一條著名的商店街——豐島區大山，從一大份草莓鮮奶油的日式可麗餅，到精肉店買一大塊炸火腿起司餅，短短幾小時內就吃了一大堆，當然會飽到倒地，結果吃垮的是自己不是東京！身邊類似這樣短又近的小小一人旅非常多。

也因此愛旅行的單身女子如杏子等人，都很開心地說：「時代是為了我在前進，還是我們在領導時代前進呢？」

一人旅就是要全部按照自己的興趣、節奏來決定旅遊主題、目標及行程，短時間內成長、自立，在旅行終點會有說不出的成就感與滿足感。

數位排毒一人旅

日本流行所謂的「數位排毒（digital detox）一人旅」，要到一個手機不通，沒有wifi也沒有電視的地方，得先排除一切需要連絡的俗務才能出發。這樣的旅行方式往往兩個人以上就很困難，因此「數位排毒一人旅」很流行。

現代人大抵都數位中毒、IT中毒，搞得身心蓄積許多疲勞與壓力，因此有幾天或只有一天也好，遠離數位世界，讓自己能意識到視覺以外的五感，埋首於富饒的自然中，可以進行各種活動，像是泡湯、深山散步、或是讓指壓師按摩等。

這類遠離數位的一人旅，有的地點離都市不遠，如東京附近的箱根等，手機還是可以通，因此就把手機交給飯店櫃台保管，現在連星野集團旗下也有歡迎一個人去投宿的旅館，做數位排毒。有些數位排毒的旅館，真的是在沒有訊號的深山或偏僻的海邊等類似「祕境」的地方，讓人只好完全不上線。像是許多一人旅會去沖繩的慶良間群島旅行或潛水，因為在船上、海中或岸邊，自然可以數位排毒。

我最近到滋賀的多賀里山地區，投宿一處沒有wifi、沒有電視、由文化財改建的旅館，發現一天不再是二十四小時，天黑了，身體就被强制關機，沒有上網也不會怎麼樣，很死心地異常早睡，而且是近年來難得的無夢爆睡狀態。翌日也格外早起，去山間散步、騎單車。

另外，還有一種比較極端的一人旅，就是自己一個人去極夜行。「極夜」是白夜的相反，也就是一整天太陽都不升起。原本日本就有許多人喜愛去極地探險，不時也有相關的旅行團，但最近有位作家角幡唯介，則是單獨長時間在北極圈體驗沒有太陽升起的極夜世界，寫出《極夜行》，獲得日本雅虎新聞第一屆書店大獎。

因為自己一個人不依賴手機來尋找方向或取得連繫，處在只有黑暗的世界，是一個最極致的「孤絶」世界，在這種環境冒險的他，內心感到混亂，也因為這樣的冒險，感受到許多人類本質的部分。到底光明是什麼，黑暗是什麼？他從極夜等到最後太陽升起時的光亮，體悟到那像是人的誕生，也體會出太陽被認為是生命的象徵，而黑暗是死亡的緣由。

角幡在極地體驗到暴風差點吹破他的帳篷，也遇上帶來的糧食吃完，或是狼、白熊襲擊等危險。許多人旅行都是找很輕鬆快活的地方，但現在許多人則選擇類似角幡的極夜行一般，去接近死亡，面對死亡，自己一個人經歷這樣的冒險旅行，或許原本在現實社會感受的畏懼與害怕都不算什麼，變成大無畏的人。當然，大部分普通的一人旅不必冒過高的風險，但是追求其他身心體驗的一人旅多了起來，也許能拾回人在現代社會中忘懷的許多感覺。

現代人大抵都數位中毒、IT 中毒，因此日本現在很流行「數位排毒一人旅」。

開發穴場旅，不必人擠人

在疫苗能充分供應、疫情真的完全平息之前，都會是一人旅萬萬歲的時代。我這段期間也體驗許多住家附近的一人旅，去一些二十幾年沒去過的名勝，譬如東京小金井公園。我發現雖然去過，但當時只顧欣賞江戶東京建物園，對園內規模宏大的森林、草原都欠缺認識，現在發現林外有林，層次很多，是典型的武藏野景觀。這才體會到原來去過或自以為熟識的地方，再去「複習旅遊」一次也很不錯，並不需去人氣旺的地方。

日本人常稱沒人去但實際上蘊含無限的好去處為「穴場」，最早的原意是釣魚時不為人知卻可以釣到大魚的好地方，也就是可以獨占的私房景點。今後，不論哪個國家都會進入「穴場旅」的時代，最好是自己去開發「穴場」，如果被報導了，或從網上得知，很快就會人擠人，變成不是安全、安心的好去處。

現在因為東京人不方便去外地遊玩，因此流行身在東京卻可以周遊各縣，這也是因為各縣市在東京都內都設有宣傳地方特產以及觀光的「天線店」，這些天線店附設的餐飲及酒吧，由當地人提供服務，顧客便能身歷其境，品嚐日本全國各地鄉土料理的味道，還可以購買當地的銘酒。像是日本橋的富山館，就有富山縣當地十七處酒窖的銘酒可以在此比較、試喝，而且有日本酒的「利酒師」提供諮詢及解說，喝酒時還可以搭配富山特產的螢光烏賊料理，一切非常地「富山」！

月子表示，她的一人旅要改成純和風一人旅，不再包羅萬象地玩，不再追究過度熱鬧的環境，只要讓人感受到自然氣息的住處就好。門口庭園種些樹木，稍微有點用心，有些青苔殘留、落葉散落的痕跡，或許搭配幾塊石頭，不是多寬廣的地方也可以擁有自然小宇宙，這樣合乎「和式」的遠近法最好；然後，還要有露天風呂，讓她可以邊泡湯邊聽溪水潺潺，洗完澡後睡在榻榻米的房間。這就是她最近的一人旅願望。

繭子打算展開近距離的手工之旅，到附近的手工藝城，如陶瓷城或是紡織城、人形城等，尋找能融入生活的道具及要素，讓自己的生活更有質感。里菜則打算去名水之里的長野縣的安曇野，這裡除了是藝術之鄉，還能享受天然軟水製作的「水蕎麥」等。優依則打算來一趟超越時空之旅，聽起來很偉大，其實就是回到孩提時代生活過的地方，更了解自己或家族史一些，或是回到父母出生地等。總之，一人旅是今後的大流行，個人可以自訂的主題無限，共通點是越少人越好！

到去過或自以為熟識的地方，再去「複習旅遊」一次，並不需要去人氣旺的地方。

新時代來臨，開運一人旅

面對新時代，其實總有許多未知，單身或獨居者此時展開開運一人旅，或許可以從四方神明獲得力量，也趁機思考未來，祈禱自己在新時代也能順利開拓屬於自己的人生。

如果不是因為全世界遭遇像疫情這麼大的變局，或許很多人還匆忙而盲目地過日子，但是現在許多人的經濟生活受影響，此時出門來一趟開運旅，或許也能激發新靈感，就算臨時抱佛腳還是能獲得相當的安慰。此時的開運旅最好選擇有點典故、歷史的寺院、教堂等。

在日本，除了寺社、佛閣、教堂外，名城或靈場等都可以當作開運的能量景點，山水清明的地方也可以，只要去一個地方能感受到大自然、祖先或神明的力量，沒有任何宗教信仰也能感受到被庇護。而且，開運旅本來就最好一個人去，一個人可以充分沉浸在大自然或神明的威嚴裡，老天也才會聽清楚自己內心的吶喊或祈求。將身心靈浸泡在大自然裡，原本就會獲得療癒，這樣做就是最佳開運！

開運與否信不信由你，但像杏里，她出門前看到當天該朝西方前進，因此去了京都，到有鳥居隧道「千本鳥居」的伏見稻荷大社。這裡是全日本「稻荷桑」（象徵稻作的穀靈神、農耕神）的總本社，也是外國人票選想拜訪日本的景點第一名，各地前來參拜，並想祈祝商業繁盛以及提升金運的人很多。

同樣是朝西走，典子則去大阪，而且到了很特別的犬鳴山。這裡自古就是和尚修行的道場，該地有「犬鳴山七寶瀧寺」，現在則是山伏（在山中修行悟道的僧侶、行者）的「靈場」，女性也能來修行。儘管典子走過許多岩場山路，也覺得這裡的山路不好走，真的也算是修行之一吧，痛感自己平日運動不足！終於，看見了紅色迎接行者的「瑞龍門」，到「犬鳴山七寶瀧寺」購買開運的護身符後，再到大阪唯一的溫泉鄉「犬鳴山溫泉」泡湯才下山。

搭南海電車往井原里站，到了「奈加美神社」，裡面有當地泉州名產水茄子模樣的土鈴。茄子的日文發音是nasu，跟達成、成就的日文「成す」同音，典子也祈願自己因此開運。回到繁華喧囂的大阪市後，，因為大阪人永不止息的亢奮與熱情，讓她更加愛上關西的氛圍，覺得朝西走更放鬆地湧出活力，的確很不錯！

旅行被稱為是能「洗心」，能讓自己重新充電，吸收新事物與新價值，讓自己煥然一新。

女子海外一人旅，要安全又快樂

女性流行一個人去海外旅行，不過也常看到許多女性一人旅有風險問題，一定要好好學會保護自己，而且選擇比較安全的國家，也因此，日本女子海外一人旅最理想的國度是治安良好、而且超級親日的台灣。

許多女性想模仿電影女主角，打扮入時到國外旅遊，還想上網PO文，即使到治安不良的地方也穿著鮮亮妖艷，尤其是迷你裙，而且全身名牌，其實很容易成為犯罪者的目標。喜歡一人旅的真紀子常對打扮華麗去海外旅行的姊妹淘說：「妳這擺明是『請來搶我！』的模樣。」真紀子即使單身，但海外一人旅時還常故意在左手無名指上戴偽裝用的結婚戒指。

講到女子海外一人旅，除了去一些治安良好的地方，最好把自己的好衣服全都收起來，穿簡單的T恤及長褲，拍照時加條美美的圍巾或帽子等當賣點就很不錯。不要穿洋裝或裙子，首飾也少佩戴，要放棄做為女人的各種記號，否則不少人因此被堵在電梯甚至被追到房間門口，甚至深夜無人時被敲門。穿著簡樸一點，也比較不會被當有錢羔羊來痛宰。到海外穿比較老舊的衣物，回國時還能直接在當地處分掉，也可減輕行李重量。

不僅穿長褲，而且最好有大口袋可放零錢及地圖。用長背帶斜背包比較安全，不要背單肩。包包只放當天會使用到的現款及信用卡，還有手機及筆記用具等，不要把全部財產帶在身上，護照及錢寄放在飯店櫃檯的保險櫃，在外閒逛時行李越少越好，維持雙手空空的狀態。如果是住小旅館，也要把護照跟錢放在貼身暗袋裡。

在許多國家，手機常成為搶劫、扒竊的對象，拿手機拍照時要有點警覺才好，而且最好背靠壁來查，才不會遭後面偷襲。若要拍照，最好用掛在胸前的相機來拍照；最好穿球鞋，行動自由，必要時才跑得動，有的涼鞋或拖鞋雖然也很簡單，但緊急時就會有無力感。

JR 東日本鐵道公司曾邀請日本女星吉永
小百合在鮭料理専門店門口拍攝廣告，
成為女性一人旅憧憬的目標。

到了當地，深夜不要出遊。前一天訂定好翌日遊玩的計畫，儘量走大馬路，不要鑽到黑暗小巷去。搭巴士時，背包最好有一端綁在手上，才不會睡著後遭竊。一個人出遊，儘量訂中階以上的飯店，巴士等交通工具等也是——有許多女人認為海外一人旅要注意這麼多事，太麻煩了，還是不要去好了，但其實外國都不是自己居住習慣的地方，總是小心一點好，不只是一人旅要注意，雙人旅或多人旅也同樣要注意。

好友彩乃是海外一人旅高手，她提醒，不要選那些很多人去蜜月旅行的地方，如夏威夷、關島等，因為有些飯店常為了做新婚夫妻的生意而忽略一人行的客人，而且氣氛過度浮動，有損一人旅安靜悠閒的情趣。

男人止步，女人限定

為什麼看到「男人止步」，女人會那麼開心？因為只有女人，可以說些只適合女人的悄悄話，不會因為有男人在場而不自在，也不會有人因為男人而裝模作樣，因此日本有許多「一人、女性限定」的商品或服務出現，不是男人不好，而是想更專心、安心地享受只屬於自己的時間，不想為了此時不必要的男人分心、不安。

常見的女性專用商品、或是旅行社的一人旅企畫，甚至還特別加上「女性限定」，不論國內外都有，這是一人風潮下必然的現象。因為女生一人不想與人結伴同行，又不想費力設計或到不熟悉的外地冒險，尤其考慮到許多國家當地的治安情況，就會參加這類女性限定的一人旅。女人喜愛旅行，好奇心絕對不輸男人，像是女性一人巴士一日遊、女性一人溫泉二日遊等；如果有住宿，必定會安排溫泉，現在愛泡湯的很多是女人。

登山會遭遇到很多狀況，在男人面前還要維持許多基本矜持，會很辛苦，無法專心爬山，因此近年許多著名的登山、山谷步行專門旅行社，都策劃許多女性一人旅，可能是由女性登山家率隊，或跟女子大學登山社、登山學校的成人女子部同行等，都非常受歡迎。

這兩年如雨後春筍般冒出許多限定女性一人投宿的旅館、飯店，或是許多飯店都有女性專用的樓層，這樣女性一人投宿時，也不必在乎別人的眼光，走出房門不必很緊張，只到走廊自動販賣機買點飲料、冰塊時，服裝稍微隨便點也不必擔心被男人瞧半天。有些膠囊旅館現在也開始設有女性專用浴場及休憩空間。

不僅旅遊業有許多女性一人限定的企畫或設施，其他商品也日新月異。像是日本年輕人越來越不想開車，許多駕訓班因此相繼關門，但現在有學校因為舉辦「女性一人也安心的駕照合宿」而活力十足，尤其密集練習期間的住宿全為了女性一人去設計，衛生又安全，價格也合宜，使得許多原本不想考駕照的獨居女子也動念去學開車。

許多原本就有一人專用服務的店家，如一人燒肉、一人卡拉OK等，還會特別設定「女性專用日」，男人止步，讓女人盡情享受。以前的女性專用日特別優待女人，是為了讓女人帶消費力高的男人來，但現在所謂的ladies' day也改變了，或許很多人都會大吃一驚的。

一人泡湯，情趣無限

天冷了，許多朋友開始去泡湯。現在一個人去泡湯的「一人溫泉族」很多，自己搭車、開車都好，可以隨心所欲在中途下車。好湯就泡久一點，普通的就點到為止，一個人才能享受泡湯的醍醐味。

聽子年紀不算大，卻非常認同昭和代表性的影劇人物《男人真命苦》主角寅次郎所表現的一人旅樂趣。她覺得，自己一個人四處去旅行，不但快活，而且還有點寂寞，或許從背影來看，還有幾分性感吧！她很喜歡這樣的自己，因為隨時演出最舒適、最自然的自己。

聽子最愛的是《男人真命苦25：寅次郎芙蓉花》，這集最後的鏡頭是女主角淺丘琉璃子和眾人搭上往草津溫泉的巴士，看到寅次郎便跟他招手，寅次郎就開心地一起搭上前往溫泉的巴士，沒有任何想法，隨意、隨便地更換目的地。聽子因此愛上一人四處去旅行，尤其是一個人優雅地泡湯。

許多日本的溫泉旅館開始安排女子一人溫泉旅，初期只是空出平日給一人旅的客人使用，現在有些旅館把隔間做了調整，假日也努力吸引女子一人旅的客人，因為女子一人旅都是貴客，優雅而不鬧酒，使用房間也都非常乾淨俐落，很受歡迎。一人溫泉旅或女子一人旅的指南書非常多，甚至一人溫泉旅的名家中有好幾位就是女性。

尤其女人家愛去的，大多是能讓心靈跟肌膚都癒療的「美人湯」，許多溫泉旅館强調美膚外，也强調瘦身、紓壓、排毒、抗齡等，還開設許多塑身沙龍等相關設施。一去這些旅館，除了泡湯之外，可以做的事還很多，回來時身心都變美，驅逐所有的疲憊與不適。日本現在還有所謂「溫泉美容研究家」登場，專門對女子一人溫泉旅做提案。

聽子每到一個溫泉鄉，就想去不同的地方泡，像是到九州別府溫泉，該處源泉數量或湧出量都是日本第一，單單別府市就有數百個溫泉，具代表性的溫泉地有八個，稱為「別府八湯」。別府八湯泉質或風情各有不同，像別府車站周邊還有老街可散步的「別府溫泉」；或是湯煙飄繞的「鐵輪溫泉」，很有古代溫泉療養的氣氛；其他還有血之池地獄及海地獄等，每處溫泉個性强烈，來趟別府地獄溫泉巡禮非常有意思，但是其他姊妹淘未必如聰子一般愛好溫泉，所以如果不是一個人，就無法好好泡個夠。

聰子愛泡湯外，也愛文學及古建築，因此她最愛日本三古湯之一的道後溫泉，這裡以夏目漱石小說《少爺》的故事舞台聞名，也是夏目漱石最愛的溫泉地。外湯「道後溫泉本館」的木造建築已經有一百年以上歷史，非常優雅，這裡也是一人溫泉旅的上上之選。

現在，甚至還有「溫泉女子」的專題節目，或是有的溫泉旅館强調「女子宿」，歡迎女人來投宿泡湯，也出現如愛知蒲郡溫泉鄉的「西浦溫泉」，轉型為女性專用的溫泉。女子一人泡湯的熱潮不斷升溫中。

許多日本女性一人旅的處女行選擇從最
愛的「溫泉之旅」開始！

一人卡拉OK極樂享受

日本所謂的「ヒトカラ」（hitokara），也就是日文「一人卡拉OK」的簡稱，最近增加很快、很多。

一九九〇年代前半起，就有「一人卡拉OK」出現，二〇〇三年起出現hitokara一詞，現在自己一個人去唱卡拉OK已經毫無違和感。尤其對於獨居一人而言，是最佳的一種娛樂與發洩管道，沒事就一人去卡拉OK一下，高聲熱唱，紓解壓力，成為很日常的一部分。

在一九九〇年代後半，雖然已經出現一人卡拉OK的需求，但是費用上不划算，店家也覺得沒好處。然而，從十年前起，一人卡拉OK的需求越來越大，許多店家還特別給一人卡拉OK優待，在店裡改造許多一人卡拉OK的專用房間，入門者也不會躊躇。

許多卡拉OK還兼賣商業午餐，OL們乾脆一個人到卡拉OK去吃價廉物美的午餐，順便唱幾首歌出氣兼消化後，再元氣十足地回去上班。或是趁機練習一下自己不熟悉的曲子，晚上大家聚會時可以披露新曲，原本不大敢在眾人面前唱的人，練習幾次，也就自然有膽了。

日本許多一人卡拉OK包廂門可以自動上鎖，等叫的餐點飲料送上以後，就不會有店員來打擾了，可以獨自一人沉浸在歌曲的世界裡，舉辦個人的演唱會。現在許多卡拉OK店，還提供女性專用樓層。

一人卡拉OK的妙處是在麥克風或BGM調音等各種設備上，可以調成自己最適合的角度及高低，不會唱得太辛苦。更重要的是選曲自由，在別人面前不好意思唱的歌曲，自己一個人想唱多少次也沒關係，多老、多顯年紀的歌、或是顯得很幼稚的歌、準備讓眾人大吃一驚的歌都OK，因為是只有一個人的世界，不會有人嘲笑你的。

一些自認是音痴、不會唱歌的人，都可以在一人卡拉OK找回信心，因為不需要注意別人的反應，可以專注在音準上，完全埋頭於歌曲。自己一個人可以慢慢用身體去感受，更享受歌曲的躍動感。如果有別人在，就容易被打擾。

日本許多一人卡拉OK專家指出，自己一個人唱的時候，要注意每句歌詞的開頭都要清楚地唱出來，才不會垮掉。此外，有時每句的尾巴細膩地唱完，唱得有餘韻也很重要。雖然沒有觀眾，到最後也不要隨便亂唱，自己的演唱會完成度也還是要高一點。

現在連英國媒體也出現hitokara這樣的日式英語了，或是稱solo karaoke。不過還是有人覺得卡拉OK就是要大夥兒鬧哄哄地唱，很多人把一人卡拉OK當作個人練習。不管哪一種目的，現在開始就可以去試試看。

一人在公園裡演奏、唱卡拉 ok，
健康又自在，好處無限！

無止盡的一人初體驗

我最羨慕單身或獨居者，可以放膽去體驗許多自己這輩子沒做過的事，也就是享受無止盡的初體驗。雖然我也不斷在尋找新體驗，但總比不上那些單身或獨居者所做的那樣宏大。因為伴侶長年給我高度自由，我開始稍微配合他的人生規畫來回報，就發現已經有許多初體驗不大容易實現了。

英俊而且還是藝人的芥川獎作家羽田圭介，從二〇一七年起在《週刊女性》撰寫〈羽田圭介31的初體驗〉專欄，加上其他雜誌的要求，進行了數不清的初體驗，像去買車、吃會搞壞汗腺的名古屋超激辣美食；最有名的是參加瘦身的RIZAP課程兩個月，減肥三公斤；或是為了埋頭寫稿，在家裡只吃雞肉片等大量食材的自製伙食……

因為開始各種初體驗，也改變他寫小說的方式。至今他為了寫小說蒐集許多關於醫療、高齡化資料及審判紀錄等文件，現在則全部廢掉，轉為各項初體驗，此項轉換也讓他更為成功，影響力更大。

日本很重視所有事的第一次體驗，「初體驗」也稱為「處女體驗」，任何初體驗都是值得讚許的，因為會讓人生變得更豐富、更有創意，並體會別人的立場，進而改變自己人生的看法。

像有人到東京臨時工所住的南千住「山谷Doya街」投宿，就當成是初體驗。日本有所謂「三大Doya街」，Doya是日語「宿」（yado）倒讀，也就是超低廉的住宿處，現在許多背包客住Doya已經不稀奇了，但在五年前就會引來驚嘆。現在還有人選擇去住傳說中的鬼屋等。

之前還很流行的初體驗是當天往返異國，也就是一天之內的海外旅行，譬如到台灣、韓國去享受美食，也有人把日本地圖做成一張桌遊，用擲骰子決定自己旅行目的地，不過夜就趕回來，也不需要預定旅館，想走就走，反正選離出發時間近的超廉價機票很多，享受另一種真正自由旅行的味道，這也是「一人樣」的特權。

也有朋友為了增加體驗及收入，夜間到大醫院急診處擔任櫃檯人員，幫忙急診病患填表、檢查保險證等。因為是急診，每天遭遇的事不同，他說：「天天都是初體驗！」像是黑道大哥被移送到醫院時，有十幾名穿黑色衣服的部下隨行；也有名藝人體力不支被送來打點滴，幾天後開記者會宣布離婚等，大家才恍然大悟是怎麼回事——在急診處體會的現實比小說更離奇。

也有朋友開設部落格十幾年，累積許多粉絲，有一天他開始網路深夜直播，每天二十分鐘，因為談一天生活及時事感言，乃至許多初體驗，也接受人生諮詢，沒想到居然變成網紅，最近還真的在地方廣播電台開了一個節目。他的口頭禪變成「人生不體驗、不知道的事很多」。因為體驗而改變人生的事還有更多！

初體驗可大可小。像我常去一些不同特色的 Café 或餐廳，點自己沒吃過的食物或飲料，也因此理解當地或該店。人生無處不是初體驗，不過可以確知的是，一個人可以展開不計其數而且更偉大的初體驗！

探訪自己的人生，主題無限

一個人蘊含無限可能性，無論到哪裡、做什麼，或不做什麼，或搞些無奇不有的花樣都沒有人會阻止。世間無奇不有，要開發的新主題也沒有人會嫌太花錢，因此一個人最適合自訂主題到處探訪，即使不出門也能作各種想像探訪。人生原本就是在探訪萬象，這也最接近人生本質！

日本人喜歡在推特上發表言論，因為字數有限，反而可以做出最精簡、關鍵的描述。探訪人生可以是混合主題的，像是有人的推特主題是「〇〇漿的好酒、好菜，不時還有好書、好藝術」之類的，因為這四大「好」都很吸引人，容易找到同好，獲得回應，自己也不會覺得枯燥。

有位五十歲、單身的日本上班族，二十年來探訪了七千八百家的餐廳及居酒屋，他的原則是想把自己能去的店都一網打盡，不但每天去開拓新的店，每次回來都會寫筆記，店家全名、住址、電話、營業時間等，跟財務報表一樣整齊無誤。然後，在推特上發表每行三十五字的四行評論。之所以能去這麼多家店，也包括出差時會特意多去幾家店喝酒，或是把商業午餐以及應酬等店家也都一起列入，但絕大部分以享受孤獨的美食居多。

許多人探訪人生有自己的哲學，像是不穿西裝，只有穿便服時才去探訪，因為西裝是戰鬥服，走到哪裡都像是普通的都會上班族，換上便服時連表情都會不同；也有人探訪的原則是事前搜尋所有店家評論，這樣的人是怕探訪會失敗，像是吃到難吃的東西，或擔心進店後會錯過該店招牌名菜，或忽略該店的招牌擺飾及花樣等；但有人則是隨意，一定得到店門口看氣氛才決定要不要進去，認為這樣才會有出乎意料的收穫。不同的探訪方式，也凸顯每個人的價值觀。

因為有太多事物值得探訪，沒空寂寞，所以很討厭世間有「一個人很寂寞」的成見、偏見。像潤次表示，自己從小學四年級起，全家要一起去親戚家玩時，他總是說：「我想一個人看家。」他覺得只有一個人的狀態很舒適。他從國中就一個人通車到附近城市上課，高中又到關東地區，開始一個人外宿。現在四十五歲的他，已經獨居三十年了。因為太喜歡自己一個人獨處，尤其喜歡自己一個人去探訪不同的世界，他覺得自己不適合結婚，否則獨處或探訪的自由會遭到剝奪。

潤次最喜歡探訪「餃子酒場」，由於日本餃子學發達，處處都有餃子酒場，他為了吃不同的餃子遍訪宇都宮市、濱松市以及各地的餃子名店。他的目標鎖定在「好酒＋好餃子」，也會在自己的推特介紹時加上各種評語，如「店主非常熱心，知識廣博」「店主人生閱歷驚人」「讓外地客很容易融入氣氛的店」「非常適合一個人去喝酒的店」「肚子半飽最適合的店」等。除了介紹美食外，探訪還要有不同的感受！

也有人會去探訪鯛魚燒，共吃了四千多隻鯛魚燒。因為每家店的模子不同，因此燒出來的鯛魚表情也不同，而且各地的鯛魚燒往往各有不同的餡，吃起來味道不同，還分是電燒的或瓦斯燒的，學問很大。日本因為鯛魚燒店鋪多，因此鯛魚燒探訪的人很多，其他像是銅鑼燒探訪、或是黑輪探訪的人也很多。

幾乎所有食物都有專門探訪人，孩提時代最受歡迎的駄菓子（兒童專用零嘴）店，也因為探訪者很多，四處發表成果，最近幾年這種兒童零嘴刮起新流行，連大人都因為懷古情趣而吃了起來，許多原本消失的零嘴種類或店舖捲土重來，居然出現駄菓子的連鎖店，甚至東京都內還有駄菓子酒吧——也就是吃些孩提時代甜甜的魷魚絲、仙貝等來下酒。身為駄菓子探訪人的留美子表示，自己非常勤快地探訪駄菓子，自認對駄菓子熱潮有推波助瀾的功勞！在熱潮之前，因為是一個人，不必擔心有人嘲笑或反對自己把許多精力都花費在如此「幼稚」的探訪上。

留美子也認為，許多美好的世界或事物都是一個人去探訪出來的，而且因為有探訪的時間，才湧出許多新創意。不僅駄菓子，其他許多逐漸失傳的傳統手工藝也都是一個人探訪出來的，跟日本最初的民藝運動一樣，就靠柳宗悦等人在日本各地方行腳探訪出來，才會發現隱藏於偏鄉的價值藝品。那樣的喜悅是無上的，也是許多一個人最能嚐到的！

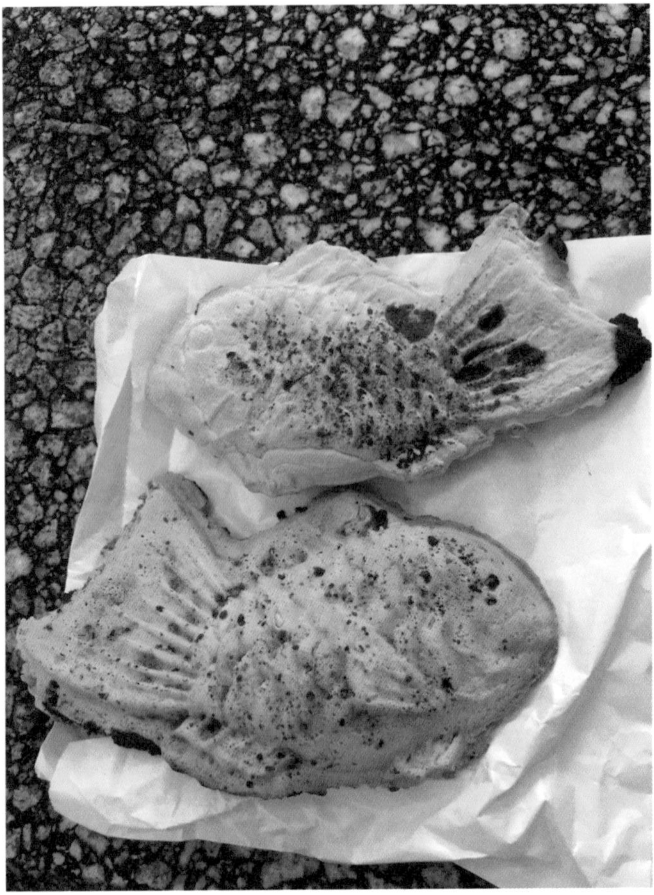

東京麻布十番的浪花家總本部一隻一隻細心地烤鯛魚燒，不必擔心會烤不均勻，因此粉不需要太厚，成了「天然薄皮」。

一個人可以做的五十件事

許多人一個人，除了工作或社會表現的獎賞外，比較少獲得他人給自己小小肯定的機會，因此許多單身朋友都有一個很簡單的方法，就是在一張紙上或是手機記事簿寫出自己「現在想做做看的五十件事」。也就是一張心願名單，但最關鍵的是「現在」以及「做做看」。

不是遙遠的願望，也不是什麼偉大非達成不可的志向，更不是什麼需要長久歲月才能達到的夢想。有些女人還互相交換心願，因為發現別人的心願正好是自己的心願，或是別人的心願更適合自己來做，偷一下心願也無妨。

月子的心願單裡，也有我想做做看的事。像是很徹底地剪個短髮。月子的理由是看到許多世界級名模都剪成短髮，而且是近乎國中小男生般的短，那樣顯得有精神，我就偷了她的這個心願，把頭髮剪得很短，但我主要的理由是為了對抗冠狀病毒疫情，希望很簡潔地熬過酷暑，而且去澡堂泡湯時也不必把頭髮紮起來。現在是我史上頭髮最短的時候。

我也從典子那偷了一個心願，然後改造一下。她的心願是要好好搭配流行色的經典藍，藍色原本就是她喜愛的顏色，靜謐沉穩的經典藍更對她的胃口。她自覺從未好好想過如何與自己原有的服飾搭配，沒想到這樣反而搜出許多未曾嘗試過的搭法，還把一些飾品翻出來用，自己或周邊的人都有新鮮感。我則效法她的精神，開始嘗試好好把一些寬鬆舒服的大地色長裙、長洋裝穿得更好看些。

其他許多朋友的五十個心願清單或一百個心願單，也都非常可觀，像是蒐集自己喜愛的吉祥物、卡通人物等，像我有陣子喜歡蒐集奈良美智的海報或明信片，或赤塚不二夫的「天才馬鹿凡」的小東西等。繭子則是數十年來都蒐集史努比的書以及各種萌物，連睡衣、球鞋、鬧鐘等也是，貫徹到底。

「現在想做做看」的心願清單內容可以是什麼？真的多到數不清，像是：

□發呆過一天。
□從早走到晚看一天能走多少步。
□外地旅行時讀完買了沒看的書。
□把快要爆掉的電子信箱大整理一下。
□把自己的運動及護膚等各類健康管理都跟APP連動。
□讓臉書或推特、instagram追隨者破萬。
□購買單眼數位相機拍好照片。
□買個好枕頭提高睡眠品質。
□簡化隨身物品出門。
□養成插鮮花習慣或房間擺設觀葉植物。
□想養熱帶魚、爬蟲類、貓。狗或鸚鵡
□想要過有香氣的生活，鑽研香草、精油或日本香道。
□開發家常菜新菜單，或每天在網上PO出自己的早餐。
□學會品嘗紅酒或咖啡。或從咖啡黨變身為紅茶黨、日本茶黨。
□為了珍惜獨處時間，選購良質的居家服。
□把房間改造一番。

□開始過環保生活，儘量不用塑膠袋或吸管。

□去美甲沙龍做指甲。

□想去找小學同學或老師。

□英語想說得更流暢些，也想學設計或電腦程式。

怎麼寫也寫不完呢！因為是一個人，想做做看，就馬上去做！一個人也行！

任何人都可以成為自己的超級英雄。

國家圖書館出版品預行編目(CIP)資料

究極一人行/劉黎兒作. -- 初版. -- 臺北市:遠流出版事業股份有限公司, 2021.03
面; 公分
ISBN 978-957-32-8974-6(平裝)

1. 孤獨感 2. 社會心理學

176.52 110001295

究極一人行

作者/攝影:劉黎兒
總監暨總編輯:林馨琴
責任編輯:楊伊琳
行銷企畫:陳盈潔
美術設計:海流設計

發行人:王榮文
出版發行:遠流出版事業股份有限公司
地址:臺北市 10084 南昌路二段 81 號 6 樓
電話:(02)2392-6899 傳真:(02)2392-6658
郵撥:0189456-1
著作權顧問:蕭雄淋律師
2021 年 3 月 1 日 初版一刷
新台幣定價 360 元
ISBN 978-957-32-8974-6

遠流博識網
http://www.ylib.com
E-mail: ylib@ylib.com